The Document Foundation

LibreOffice 3.5
Guida a Math

L'Editor di Equazioni di LibreOffice

Copyright

Collaboratori

Jean Hollis Weber   Hazel Russman   Laurent Balland-Poirier

Localizzazione

Luca Daghino   Manuel De Franceschi   Marco Filippozzi
Marina Latini   Lorenzo Morin   Pietro Pangallo
Massimo Zaffaina

Commenti e suggerimenti

Per commenti o suggerimenti su questo documento rivolgersi a:
documentation@global.libreoffice.org

Riconoscimenti

Questa guida è basata su *OpenOffice.org 3.3 Guida a Math*. I collaboratori di quella guida sono:

Daniel Carrera   Agnes Belzunce   TJ Frazier
Peter Kupfer   Ian Laurenson   Janet M. Swisher
Jean Hollis Weber   Michele Zarri

È stato aggiunto altro materiale dalla guida tedesca *Math Handbuch* per LibreOffice 3.4 (tradotto in Inglese da Hazel Russman). I collaboratori di quella guida sono:

Regina Henschel   Christian Kühl   Florian Reisinger
Gisbert Friege (Dmaths) Jochen Schiffers

È stato anche aggiunto altro materiale dalla guida francese *How-To Math* per LibreOffice (tradotto in Inglese da Laurent Balland-Poirier). I collaboratori di quella guida sono:

Bernard Siaud   Frédéric Parrenin

Data di pubblicazione e versione del software

Pubblicato il 7 Settembre 2012. Basato su LibreOffice 3.5.5.

ISBN 978-0-244-13665-9

La documentazione per LibreOffice è disponibile all'indirizzo http://www.libreoffice.org/get-help/documentation

Nota per gli utenti Mac

Alcuni tasti e voci di menu su Mac sono diversi da quelli utilizzati in ambiente Windows e Linux. La tabella che segue fornisce alcune sostituzioni comuni per le istruzioni di questo capitolo. Per un elenco più dettagliato, vedere la Guida in linea dell'applicazione.

Windows o Linux	Equivalente su Mac	Effetto
Strumenti > Opzioni selezione del menu	**LibreOffice > Preferenze**	Accesso alle opzioni di configurazione
Pulsante destro del mouse	*Ctrl+clic*	Apre un menu contestuale
Ctrl (Control)	*⌘ (Comando)*	Usato con altri tasti
F5	*Maiusc+⌘+F5*	Apre il Navigatore
F11	*⌘+T*	Apre la finestra Stili e Formattazione

Indice

Introduzione a Math

Math è il modulo di LibreOffice per la scrittura di equazioni matematiche e chimiche. È impiegato soprattutto come editor di equazioni nei documenti di testo, ma può essere usato anche in altri tipi di documenti o autonomamente. Quando è usato in combinazione con Writer, l'equazione è trattata come un oggetto all'interno del documento di testo.

Nota	L'editor di equazioni si utilizza per scrivere equazioni in forma simbolica, come nell'equazione 1. Per il calcolo di valori numerici, consultate la *Guida a Calc*.

$$\frac{df(x)}{dx} = \ln(x) + \tan^{-1}(x^2) \tag{1}$$

oppure

$$NH_3 + H_2O \rightleftharpoons NH_4^+ + OH^-$$

Introduzione

Potete creare un'equazione (una formula) come documento separato o inserirla in un documento di Writer o di un altro modulo di LibreOffice.

Creare un'equazione come documento separato

Per creare un'equazione come documento separato aprite il modulo Math di LibreOffice in uno di questi modi:

- Sulla barra dei menu, scegliete **File > Nuovo > Formula**.
- Sulla barra degli strumenti standard, fate clic sul triangolo a destra dell'icona **Nuovo** e scegliete **Formula**.
- Dal Centro di Avvio, fate clic su **Formula**.

Si aprirà un documento per le formule vuoto (vedere la Figura 1).

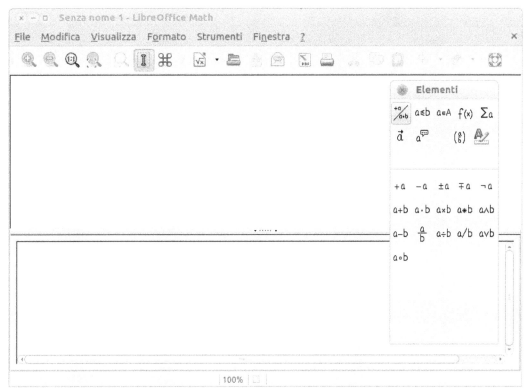

Figura 1: un documento per formule vuoto

Nell'area superiore è presente la finestra di anteprima, dove compare l'equazione durante e dopo l'inserimento. Nell'area inferiore vi è invece l'editor di equazioni, dove viene inserito il codice con l'istruzione testuale per l'equazione. Appare anche la finestra mobile Elementi.

Inserire una formula in un documento di Writer

Per inserire una formula in un documento di Writer aprite il documento e poi scegliete **Inserisci > Oggetto > Formula** dalla barra dei menu.

Si aprirà l'editor delle formule nella parte bassa della finestra di Writer, e apparirà la finestra mobile Elementi. Nel documento vedrete anche un piccolo riquadro con bordo grigio, dove verrà visualizzata la formula, come mostrato in Figura 2.

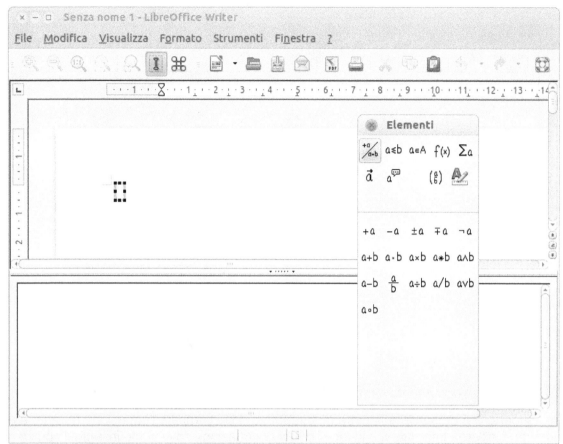

Figura 2: l'Editor di Equazioni, la finestra Elementi e la posizione dell'equazione risultante in Writer

Suggerimento	Se la finestra Elementi non è presente, potete visualizzarla tramite **Visualizza > Elementi**.

Dopo aver inserito la formula, potete chiudere l'editor premendo il tasto *Esc* o facendo clic in un'area all'esterno della formula nel documento principale. Con un doppio clic potete nuovamente aprire l'editor, e modificare ulteriormente la formula.

Le formule vengono inserite come oggetti OLE. In un documento di Writer, la formula è ancorata come carattere, quindi è integrata nel testo. Come con qualsiasi altro oggetto OLE, potete modificare l'ancoraggio e rendere la formula mobile. Nei documenti di Calc, Impress e Draw le formule sono inserite come oggetti OLE mobili.

Se avete necessità di inserire formule frequentemente, potreste voler aggiungere il pulsante **Formula** alla barra degli strumenti Standard, oppure creare una scorciatoia da tastiera. Al riguardo potete leggere i paragrafi "Aggiungere un pulsante a una barra degli strumenti" oppure "Aggiungere tasti di scelta rapida" a pagina 34.

Inserimento di una formula

Nell'editor di equazioni vengono usate istruzioni testuali (markup) per rappresentare le formule. Per esempio, *%beta* crea il carattere greco beta (β). Le istruzioni testuali corrispondono alle rispettive espressioni in lingua inglese quando possibile. Per esempio, *a over b* crea una frazione: $\frac{a}{b}$.

Potete inserire una formula in tre modi:

- Selezionate un simbolo dalla finestra Elementi.
- Fate clic con il pulsante destro sull'editor di equazioni e selezionate il simbolo dal menu contestuale.
- Digitate l'istruzione testuale nell'editor di equazioni.

Il menu contestuale e la finestra Elementi inseriscono l'istruzione corrispondente al simbolo. Questo è anche un metodo semplice per imparare le istruzioni testuali di LibreOffice Math.

| Nota | Fate clic sul corpo del documento per uscire dall'editor di equazioni. |
| | Fate doppio clic su una formula per entrare nuovamente nell'editor di equazioni. |

La finestra Elementi

Il metodo più semplice per inserire una formula è quello di utilizzare la finestra Elementi.

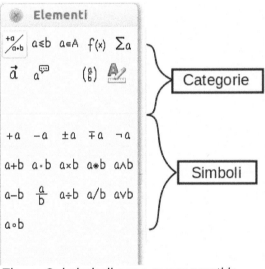

Figura 3: i simboli sono raggruppati in categorie

La finestra Elementi è divisa in due parti.

- La **parte superiore** mostra le categorie di simboli. Fate clic su queste categorie per modificare la lista dei simboli.
- La **parte inferiore** mostra i simboli disponibili per la categoria corrente.

| Suggerimento | Potete nascondere o visualizzare la finestra Elementi tramite **Visualizza > Elementi**. |

Esempio 1: 5×4

In questo esempio verrà inserita una semplice formula: 5×4 . Nella finestra Elementi:

1) Selezionate il pulsante in alto a sinistra della sezione categorie.

2) Fate clic sul simbolo di moltiplicazione.

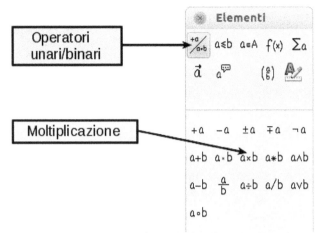

Figura 4: selezione del simbolo di moltiplicazione

Quando selezionate il simbolo di moltiplicazione nella finestra Elementi, accadono due cose:

- L'editor di equazioni mostra l'istruzione testuale: <?> times <?>
- Il corpo del documento mostra un riquadro grigio come questo: □×□

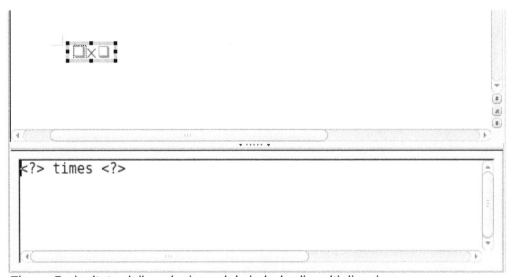

Figura 5: risultato della selezione del simbolo di moltiplicazione

I simboli <?> mostrati in Figura 5 sono dei segnaposto che possono essere sostituiti con altro testo, ad esempio **5** e **4**. L'equazione verrà aggiornata automaticamente, e il risultato dovrebbe essere simile a quello mostrato in Figura 6.

Suggerimento	Quando aggiungete una formula, i segnaposto riservati sono indicati dai quadrati nella formula e dai **<?>** nella finestra dei comandi. Potete spostarvi tra questi segnaposto usando *F4* e *Maiusc+F4*.

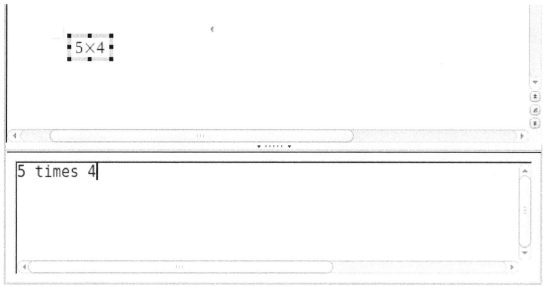

Figura 6: risultato dell'inserimento di 5 e 4 come operandi dell'istruzione times (moltiplicazione)

Suggerimento	Per evitare che l'equazione si aggiorni automaticamente, fate clic su **Visualizza > Aggiorna automaticamente la vista** per deselezionarla. Per aggiornare una formula manualmente, premete *F9* oppure selezionate **Visualizza > Aggiorna**.

Menu contestuali (clic destro)

Alternativamente, è possibile accedere ai simboli matematici facendo clic con il pulsante destro sull'editor di equazioni. In tal modo comparirà il menu mostrato in Figura 7. Le voci in questo menu corrispondono a quelle della finestra Elementi, con alcune voci aggiuntive.

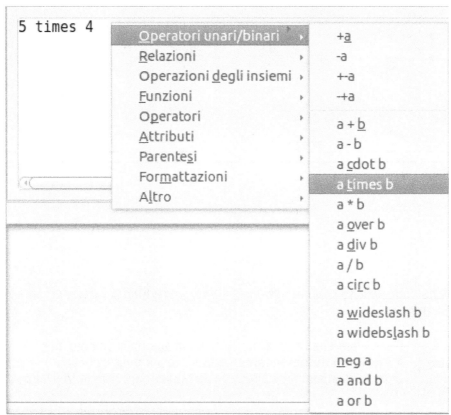

Figura 7: menu contestuale (clic destro)

Nota	Né la finestra Elementi, né il menu contestuale contengono un elenco completo dei comandi. Per alcuni comandi usati più raramente, dovete sempre inserire l'istruzione testuale. Un elenco completo dei comandi può essere trovato in questa guida, a partire da pagina 48.

Istruzioni testuali

Potete digitare le istruzioni testuali direttamente all'interno dell'editor di equazioni. Per esempio, potete digitare **5 times 4** per ottenere 5×4. Se conoscete le istruzioni testuali, potrete comporre le formule in maniera rapida.

Suggerimento	Le istruzioni testuali sono simili alla corrispondente formulazione in inglese.

La tabella che segue riporta alcuni esempi di formule con le rispettive istruzioni testuali.

Risultato visivo	*Istruzione*	*Risultato visivo*	*Istruzione*
$a = b$	a = b	$\sqrt{a}$	sqrt {a}
a^2	a^2	a_n	a_n
$\int f(x)dx$	int f(x) dx	$\sum a_n$	sum a_n
$a \leq b$	a <= b	∞	infinity

Risultato visivo	Istruzione	Risultato visivo	Istruzione
$a \times b$	a times b	$x \cdot y$	x cdot y

Caratteri greci

I caratteri greci ($\alpha, \beta, \gamma, \theta$, etc) sono di uso comune nelle formule matematiche. *Questi caratteri non sono disponibili nella finestra Elementi o nel menu contestuale.* Tuttavia, i comandi testuali per le lettere greche sono semplici: è sufficiente digitare il simbolo % seguito dal nome del carattere in inglese.

- Per scrivere un carattere *minuscolo*, digitate il nome della lettera in minuscolo.
- Per scrivere un carattere *maiuscolo*, digitate il nome della lettera in maiuscolo.
- Per scrivere in corsivo, digitate una i tra il simbolo % e il nome del carattere.

La tabella completa dei caratteri greci è disponibile a pagina 58. Alcuni esempi sono riportati nella tabella che segue.

Minuscolo	Maiuscolo	Corsivo minuscolo	Corsivo maiuscolo
%alpha → α	%ALPHA → A	%ialpha → α	%iALPHA → A
%beta → β	%BETA → B	%ibeta → β	%iBETA → B
%gamma → γ	%GAMMA → Γ	%igamma → γ	%iGAMMA → Γ
%psi → ψ	%PSI → Ψ	%ipsi → ψ	%iPSI → Ψ
%phi → φ	%FI → Φ	%iphi → φ	%iFI → Φ
%theta → θ	%THETA → Θ	%itheta → θ	%iTHETA → Θ

In alternativa, i caratteri greci possono essere inseriti tramite la finestra catalogo dei Simboli. Scegliete **Strumenti > Catalogo**. Questa finestra è mostrata in Figura 8. Sotto la voce *Simboli*, selezionate **Greco** e fate doppio clic sul carattere desiderato. Il nome dell'istruzione testuale relativa al carattere è mostrato sotto la finestra dell'elenco.

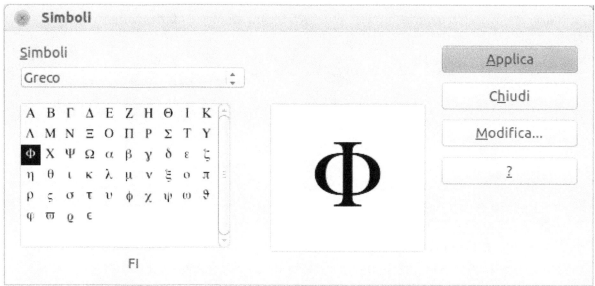

Figura 8: il catalogo dei simboli, usato per inserire caratteri greci e alcuni simboli speciali

Esempio 2: $\pi \simeq 3.14159$

Si consideri il seguente esempio:

- Si desidera inserire la formula qui sopra (pi greco arrotondato alla quinta cifra decimale).
- Si conosce il nome del carattere greco (pi).
- Non si conosce però l'istruzione testuale del simbolo $\simeq$.

Passo 1: Digitate **%** seguito dal testo **pi**. In questo modo viene visualizzato il carattere π .

Passo 2: Aprite la finestra Elementi (**Visualizza > Elementi**).

Passo 3: Il simbolo $\simeq$ è una relazione, fate quindi clic sul pulsante Relazioni. Al passaggio del cursore sopra il pulsante comparirà l'indicazione *Relazioni* (Figura 9).

La Figura 10 mostra la finestra Elementi dopo aver fatto clic sul pulsante Relazioni. Il simbolo desiderato è cerchiato.

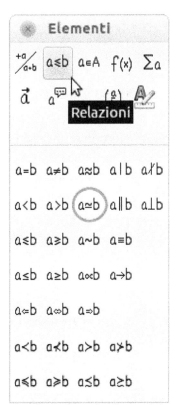

Figura 9: indicazione relativa al pulsante Relazioni

Figura 10: dopo la selezione del pulsante Relazioni

Passo 4: Fate clic sul simbolo a ≃ b. L'editor di equazioni mostra ora l'istruzione testuale **%pi<?> simeq <?>**.

Passo 5: Eliminate il testo <?>, premete il tasto *F4* e digitate **3.14159** alla fine dell'equazione. Otterrete l'istruzione testuale **%pi simeq 3.14159**. Il risultato è mostrato in Figura 11.

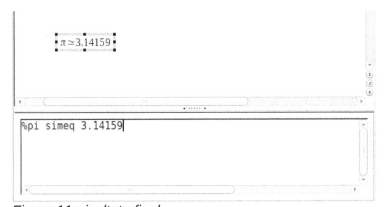

Figura 11: risultato finale

Modificare una formula

È possibile modificare una formula in qualsiasi momento. Per passare alla modalità di modifica, fate doppio clic sulla formula.

Scegliere l'area da modificare

Per andare alla sezione appropriata nel codice di istruzione testuale, eseguite una delle seguenti operazioni:

- Nell'editor di equazioni, fate clic sulla posizione.

- Selezionate un'area del codice di istruzione testuale che volete modificare.

- Fate clic su un elemento nell'area di anteprima; il cursore si sposterà automaticamente nel punto corrispondente nell'editor di equazioni.

- Fate doppio clic su un elemento nell'area di anteprima; la sezione corrispondente nell'editor di equazioni verrà selezionata.

Per potere lavorare nell'area superiore (di anteprima) nella finestra autonoma di Math (Figura 1), il cursore di formula deve essere attivo. Usate il pulsante *Cursore di formula* sulla barra degli strumenti *Strumenti*.

Effettuare modifiche

Potete cambiare un'equazione sovrascrivendo il testo selezionato o inserendo nuovo codice di istruzione testuale nella posizione del cursore.

Suggerimento	LibreOffice offre anche la possibilità di effettuare modifiche direttamente nell'area di anteprima. Il relativo strumento è ancora in fase di sviluppo e viene perciò considerato come "sperimentale". Per farne uso, dovete effettuare la seguente modifica nella configurazione di LibreOffice: andate su **Strumenti > Opzioni > LibreOffice > Generale** e selezionate la casella **Abilita le funzionalità sperimentali (instabile)**.
	L'attivazione di questa opzione rende impossibile, facendo clic su un elemento della formula, ottenere l'accesso alla posizione corrispondente nel codice di istruzione testuale.

Attenzione	L'uso delle funzionalità sperimentali può causare il crash del programma e/o la perdita di dati. Apportate le precedenti modifiche solo se potete correre questo rischio.

Layout delle formule

La scrittura di formule complesse presenta maggiori difficoltà. Questa sezione fornisce alcuni consigli.

Importanza delle parentesi

Le precedenze degli operatori non sono implementate in Math. Dovete utilizzare le parentesi per specificare in maniera esplicita le precedenze degli operatori. Considerate i seguenti esempi:

Istruzioni testuali	Risultato	Istruzioni testuali	Risultato
2 over x + 1	$\frac{2}{x}+1$	2 over {x + 1}	$\frac{2}{x+1}$
- 1 over 2	$\frac{-1}{2}$	- {1 over 2}	$-\frac{1}{2}$

Nel primo esempio, Math ha riconosciuto che il **2** e la **x**, rispettivamente prima e dopo di **over**, appartengono alla frazione, e li ha rappresentati di conseguenza. Se desiderate che **x+1** sia il denominatore al posto di **x**, dovete inserirli tra parentesi insieme.

Nel secondo esempio, Math ha riconosciuto il segno meno come prefisso per l'**1** e lo ha quindi messo al numeratore della frazione. Se desiderate indicare che l'intero insieme è negativo, con il segno meno davanti alla frazione, dovete mettere la frazione tra parentesi per fare capire a Math che i caratteri devono stare insieme.

Le parentesi fanno parte del layout del codice di istruzione testuale e non vengono stampate. Se desiderate utilizzare le parentesi in una formula, usate i comandi **lbrace** e **rbrace.**

Confrontate i seguenti esempi:

Istruzioni testuali	Risultato	Istruzioni testuali	Risultato
x over {-x + 1}	$\frac{x}{-x+1}$	x over lbrace –x + 1 rbrace	$\frac{x}{\{-x+1\}}$

Uso delle parentesi con le matrici

La seguente tabella ricapitola l'uso del comando matrix.

Istruzioni testuali	Risultato
matrix { a # b ## c # d }	$\begin{matrix} a & b \\ c & d \end{matrix}$

Nota	Le righe vanno separate digitando due volte il carattere #, mentre i valori di ciascuna riga sono separati tra loro da un singolo #.

Il problema principale che si ha con le matrici consiste nel fatto che le parentesi non scalano correttamente assieme alle dimensioni della matrice stessa:

Istruzioni testuali	Risultato
(matrix { a # b ## c # d })	$\left(\begin{matrix} a & b \\ c & d \end{matrix}\right)$

In Math sono disponibili parentesi scalabili. Questo tipo di parentesi aumentano di dimensioni in maniera consistente al loro contenuto. Utilizzate i comandi *left(* e *right)* per creare delle parentesi scalabili.

Istruzioni testuali	Risultato
`left(  matrix { a # b ## c # d }  right)`	$\begin{pmatrix} a & b \\ c & d \end{pmatrix}$

Suggerimento	Utilizzate i comandi *left[* e *right]* per ottenere delle parentesi quadre scalabili. Potete trovare l'elenco di tutte le parentesi disponibili a pagina 54.

Suggerimento	Se desiderate rendere tutte le parentesi scalabili, andate su Formato **>** **Spaziatura**. Nella finestra di dialogo *Distanze* scegliete la categoria *Parentesi* e spuntate l'opzione **Tutte le parentesi in scala**.

Le parentesi scalabili possono essere utilizzate anche con qualsiasi altro elemento, come frazioni, radice quadrata, etc.

Parentesi isolate e spaiate

Math si aspetta che per ogni parentesi aperta ve ne sia una chiusa. Se vi dimenticate una parentesi, Math inserirà un punto interrogativo invertito vicino alla parentesi corrispondente; esso scompare quando tutte le parentesi sono abbinate correttamente. A volte dimenticare una parentesi fa cadere tutta la struttura della formula.

Comunque, in certi casi, una parentesi spaiata può essere necessaria. In tali casi, avete due possibilità:

- Con le parentesi non scalabili, usate una barra retroversa \ per indicare che il carattere successivo non deve essere considerato come una parentesi, ma come un carattere letterale. Quindi l'intervallo semiaperto `[a;b[` è rappresentato con `\[a;b\[` — provate a confrontare questo esempio con `[a;b[`

- Le parentesi scalabili possono anche essere spaiate. Lo stesso intervallo semiaperto può essere rappresentato con

  ```
  left [ a; b right [
  ```

Per le parentesi scalabili, potete anche usare il comando **none** per sostituire una parentesi abbinata non esistente.

$$|x| = \begin{cases} x \text{ for } x \geq 0 \\ -x \text{ for } x < 0 \end{cases}$$

può essere rappresentata con

```
abs x = left lbrace stack {x "for" x >= 0 # -x "for" x < 0} right none
```

Riconoscimento delle funzioni in Math

Con l'installazione predefinita, Math rende le variabili in corsivo. Se inserite una funzione, Math di solito la riconosce e ne rende l'output normalmente (a pagina 48 è presente un elenco delle funzioni riconosciute). Se invece Math non riesce a riconoscere una funzione, potete indicarla esplicitamente. Inserite il codice di istruzione testuale **func** prima della funzione, e il testo seguente verrà riconosciuto come una funzione.

Alcune funzioni riconosciute da Math devono essere seguite da numeri o variabili. Se questi non sono presenti, Math inserisce al loro posto un punto interrogativo invertito di colore rosso ¿ , che potete rimuovere solo correggendo la formula: inserite una variabile o un numero, o un paio di parentesi graffe vuote { } come segnaposto.

Suggerimento	Potete spostarvi tra gli errori usando *F3* e *Maiusc+F3*.

Equazioni su più righe

Supponete di voler creare un'equazione che richieda più di una riga, ad esempio: $\begin{matrix} x=3 \\ y=1 \end{matrix}$

Forse la prima cosa che fareste potrebbe essere di premere semplicemente il tasto *Invio*. In questo modo, se premete il tasto *Invio*, l'istruzione testuale va a capo, ma non l'equazione risultante. Dovete invece digitare esplicitamente il comando newline. La tabella seguente mostra un esempio.

Istruzioni testuali	*Risultato*
x = 3 y = 1	$x=3\,y=1$
x = 3 newline y = 1	$x=3$ $y=1$

Non è direttamente possibile continuare il calcolo su una nuova riga senza scrivere una nuova equazione, perché Math si aspetta un termine alla sinistra di un segno di uguale. Potete sostituire:

- Virgolette vuote "". Ciò farà in modo che la riga sia allineata a sinistra automaticamente.
- Parentesi graffe vuote { }. La riga verrà centrata.
- Caratteri di spazio ` o ~. La riga verrà centrata con gli spazi.

L'allineamento dei segni di uguale l'uno sotto l'altro è descritta a pagina 22.

Anche la spaziatura tra gli elementi delle formule non viene impostata dai caratteri di spazio nel codice. Dovete utilizzare speciali istruzioni testuali per aggiungere spazi: ` (grave) per uno spazio piccolo, ~ per uno spazio grande. Un'altra soluzione potrebbe essere quella di aggiungere i caratteri di spazio tra virgolette, in modo che vengano considerati come testo. L'istruzione testuale di spazio alla fine di una formula è ignorata per impostazione predefinita (vedere "Spazio alla fine di una formula" a pagina 39).

Aggiungere limiti alle sommatorie e agli integrali

I comandi sum (sommatoria) e int (integrale) (potete trovare la lista completa a pagina 52) supportano i parametri opzionali *from* e *to*. Questi definiscono rispettivamente i limiti inferiore e superiore. Questi parametri possono essere usati singolarmente o insieme.

Istruzioni testuali	*Risultato*
sum from k = 1 to n a_k	$\sum_{k=1}^{n} a_k$

Istruzioni testuali	Risultato

`int from 0 to x f(t) dt`
oppure
`int_0^x f(t) dt`
	$\int_0^x f(t)dt$ oppure $\int_0^x f(t)dt$

`int from Re f`	$\int_\Re f$
`sum to infinity 2^{-n}`	$\sum^\infty 2^{-n}$

Nota	Per maggiori dettagli su integrali e sommatorie, vedere pagina 52.

Creazione di una derivata

Per le derivate è necessario ricorrere a una piccola astuzia: *impostarle come frazioni*.

In altre parole, dovete utilizzare il comando *over*. La combinazione della frazione e della lettera *d* (per una derivata totale) oppure del comando *partial* (per una derivata parziale) permette di ottenere il risultato di una derivata.

Nota	Notate l'uso delle parentesi graffe per la scrittura delle derivate.

Istruzioni testuali	Risultato
`{df} over {dx}`	$\dfrac{df}{dx}$
`{partial f} over {partial y}`	$\dfrac{\partial f}{\partial y}$
`{partial^2 f} over {partial t^2}`	$\dfrac{\partial^2 f}{\partial t^2}$

Per scrivere i nomi delle funzioni con numeri primi, come è usuale nella notazione scolastica, dovete prima aggiungere i simboli al catalogo. L'utilizzo delle virgolette, singole e doppie, è tipograficamente sgradevole. Vedere "Personalizzazione del catalogo" a pagina 36.

Caratteri di istruzione testuale come caratteri standard

I caratteri che vengono usati per controllare le istruzioni testuali non possono essere inseriti direttamente come caratteri normali. I caratteri in questione sono: **%, {, }, &, |, _, ^** e **"**. Quindi, ad esempio, non potete scrivere **2% = 0.02** oppure **1" = 2.56cm.** Per superare questa limitazione vi sono due metodi:

- Usare le doppie virgolette per contrassegnare il carattere come testo, ad esempio **2"%"= 0.02.** Ovviamente ciò non è possibile per il carattere doppie virgolette stesso.
- Aggiungere il carattere al catalogo. Vedere "Personalizzazione del catalogo" a pagina 36.

In alcuni casi è possibile usare dei comandi:

- **lbrace** e **rbrace** permettono di inserire i caratteri delle parentesi graffe {}.

- **mline** permette di inserire la linea verticale, ad esempio **2 mline 3** vi darà $(2|3)$

La conversione in una entità carattere, come in HTML, o l'utilizzo di un carattere escape non è possibile in Math.

Testo in una formula

Per includere del testo in una formula, racchiudetelo tra doppie virgolette indifferenziate ("):

```
abs x = left lbrace matrix {x # "for " x >= 0 ## -x # "for " x < 0} right none
```

$$|x| = \begin{cases} x & \text{for } x \geq 0 \\ -x & \text{for } x < 0 \end{cases}$$

Tutti i caratteri, tranne le doppie virgolette, sono ammissibili nel testo. Purtroppo la finestra di dialogo Caratteri speciali non è disponibile. Se necessario, potete scrivere il testo in un documento di testo e copiarlo nell'editor di equazioni utilizzando gli appunti. In questo modo potete inserire le virgolette (doppi apici), come mostrato in Figura 12.

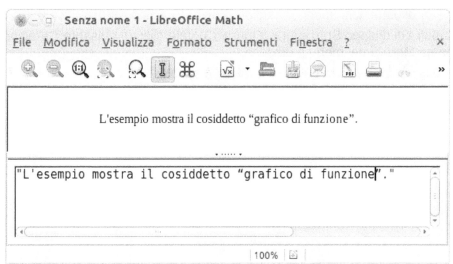

Figura 12: doppi apici inseriti tramite copia e incolla da Writer

Il testo viene mostrato nel carattere selezionato dall'elenco **Caratteri formule** nella finestra di dialogo **Tipi di carattere** (potete confrontare con la sezione "Modifica del tipo di carattere" a pagina 23). Per utilizzare un carattere dalla finestra inferiore dell'editor di equazioni, impostate l'attributo **Serif**, **Sans** oppure **Fixed** prima del testo.

Per impostazione predefinita, il testo è allineato a sinistra. Potete modificare l'allineamento con **alignc** oppure **alignr** (vedere "Modificare l'allineamento" a pagina 26).

I comandi all'interno del testo non vengono interpretati. Usate le virgolette per interrompere il testo se desiderate utilizzare comandi speciali di formattazione.

```
"Nei triangoli " color blue bold "isosceli" " gli angoli alla base sono
uguali"
```

Nei triangoli **isosceli** gli angoli alla base sono uguali

Allineare le equazioni al segno di uguale

Math non possiede un comando per allineare le equazioni a un particolare carattere, ma, a tal fine, potete utilizzare una matrice, come mostrato sotto.

Istruzioni testuali	Risultato
```matrix{ alignr x+y # {}={} # alignl 2 ## alignr x # {}={} # alignl 2-y }```	$\begin{aligned} x+y &= 2 \\ x &= 2-y \end{aligned}$

Le parentesi graffe intorno al segno = sono necessarie perché = è un operatore binario e necessita di un'espressione su ogni lato. Potete sostituirle con i caratteri di spazio (` oppure ~).

Potete ridurre la spaziatura intorno al segno = modificando la spaziatura tra le colonne della matrice:

1) Con l'editor di equazioni aperto, scegliete **Formato > Spaziatura** dalla barra dei menu.
2) Nella finestra di dialogo Spaziatura (Figura 13), fate clic sul pulsante **Categoria** e selezionate **Matrici** nel menu a discesa.
3) Inserite **0%** per la Distanza colonne e fate clic su **OK**.

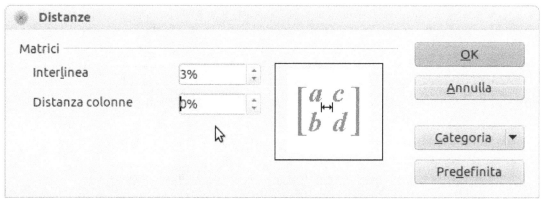

Figura 13: modifica della spaziatura in una formula di matrice

Modificare l'aspetto delle formule

Modifica delle dimensioni dei caratteri

Una delle domande più frequenti su LibreOffice Math riguarda l'ingrandimento di formule. La risposta è semplice, sebbene non intuitiva:

1) Avviate l'editor di equazioni e scegliete **Formato > Dimensioni carattere**.
2) Selezionate una dimensione del carattere maggiore alla voce *Dim. di base* (voce più in alto).

Figura 14: modifica delle Dimensioni di base per ingrandire la formula

Il risultato di tale modifica è mostrato in Figura 15.

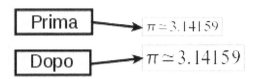

Figura 15: risultato della modifica delle dimensioni di base del carattere

| Nota | La modifica delle dimensioni del carattere viene applicata solo alla formula corrente. Per cambiare le dimensioni in modo generalizzato, fate clic sul pulsante **Predefinita** e poi su **OK**. Una modifica generalizzata delle dimensioni del carattere potrebbe, ad esempio, rendere il lavoro più semplice se state preparando una presentazione e desiderate che tutte le formule abbiano una dimensione base di 28pt—non dimenticate però di reimpostare le dimensioni del carattere al suo valore originale quando il lavoro è finito. |
| | Attenzione: in tal modo si modificano solo la formula corrente e le formule scritte dopo aver applicato la modifica. Per modificare tutte le formule già esistenti nel documento, è necessario usare una macro (consultare pagina 45). |

Le dimensioni di un gruppo di caratteri in una formula possono essere modificate usando il comando **size**. Ad esempio: **b size 5{a}** : b_a . Nella finestra Elementi, l'icona **A** sulla scheda *Attributi* vi permette di utilizzare il comando **size**. Il valore inserito subito dopo **size** può essere assoluto (valore numerico) o relativo al contesto (dimensioni di base per impostazione predefinita): ad esempio, **+6**, **-3**, **/2**, o ***2**.

Modifica del tipo di carattere

I caratteri utilizzati nelle formule possono essere cambiati usando **Formato > Tipi di carattere.**

La sezione *Caratteri formule* della finestra di dialogo *Tipi di carattere* (Figura 16) si riferisce ai quattro elementi della formula specificati. I caratteri per gli operatori, le relazioni e le parentesi, resi normalmente con il tipo di carattere OpenSymbol, non sono influenzati da eventuali modifiche. Allo stesso modo gli elementi facenti parte del catalogo (vedere "Personalizzazione del catalogo" a pagina 36) vengono mostrati nel tipo di carattere lì specificato.

Figura 16: finestra di dialogo Tipi di carattere

La sezione *Caratteri dell'utente* permette di scegliere quali tipi di carattere verranno utilizzati quando vengono specificati gli attributi **font serif**, **font sans** o **font fixed**.

Per modificare un tipo di carattere, fate prima clic su **Cambia** e scegliete il tipo di voce che volete modificare. Si aprirà una ulteriore finestra di dialogo Tipi di carattere, che mostra tutti i diversi tipi di carattere disponibili sul vostro sistema.

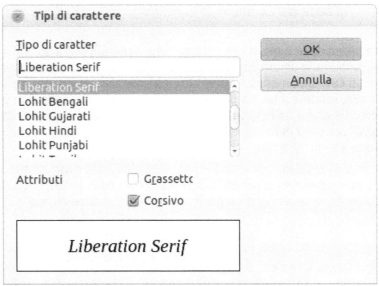

Figura 17: finestra di dialogo Tipi di carattere

Se inserite un carattere iniziale nel riquadro di testo in alto, l'elenco scorrerà ai tipi di carattere i cui nomi iniziano con tale lettera. Inserendo altri caratteri, potete specificare il nome esatto del tipo di carattere desiderato. Se non ne conoscete il nome, usate la barra laterale per scorrere l'elenco. Facendo clic sul nome nel riquadro in basso verrà mostrata un'anteprima del tipo di carattere.

Le variabili dovrebbero essere scritte in corsivo, quindi assicuratevi che la casella *Corsivo* sia spuntata. Per tutti gli altri elementi, usate la forma base (Roman). Lo stile può essere facilmente cambiato nella formula stessa usando i comandi **italic** o **bold** per impostare queste caratteristiche e **nitalic** o **nbold** per disattivarle.

Una volta che avete scelto un nuovo carattere per una formula, il precedente carattere rimane nell'elenco insieme a quello nuovo, in modo da poter essere nuovamente selezionato. Ciò vale solo per la sessione corrente; il vecchio carattere non è memorizzato in modo permanente.

Potete scegliere qualsiasi carattere desiderate, ma se dovete scambiare documenti con altre persone, sarebbe meglio scegliere caratteri presenti anche sul computer della persona che riceve i vostri documenti.

Regolazione della spaziatura nelle formule

Per aumentare o diminuire la spaziatura nelle formule, procedete nel modo seguente:

1) Andate su **Formato > Spaziatura.**

2) Nella finestra di dialogo *Spaziatura*, fate clic sul triangolo accanto a **Categoria** e scegliete una delle voci dall'elenco.

3) Scegliete un valore di spaziatura appropriato (il tipo di spaziatura che può essere impostato dipende dalla categoria) e fate clic su **OK**.

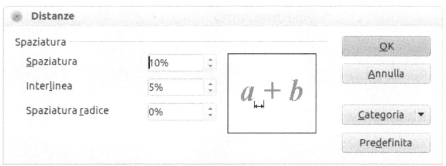

Figura 18: finestra di dialogo Spaziatura

Nota	La modifica della spaziatura verrà applicata solamente alla formula corrente. Per cambiare la spaziatura in modo generalizzato, fate clic sul pulsante **Predefinito** e poi su **OK**.

Le modifiche della spaziatura sono possibili per le categorie presenti nella seguente tabella.

Categoria	Possibili aggiustamenti		
Spaziatura	$a \underset{\leftrightarrow}{+} b$ Spaziatura	$x = a$ $y = b$ Interlinea	$\sqrt{2}$ Spaziatura radice
Indici	m^2 Apice		m_2 Pedice

Frazioni	$\dfrac{x}{y}$ Distanza numeratore	$\dfrac{x}{y}$ Distanza denominatore
Linee di frazione	$\dfrac{x}{y}$ Lunghezza in eccesso	$\dfrac{x}{y}$ Spessore del tratto
Limiti	$\displaystyle\sum^{i=N}$ Valore massimo	$\displaystyle\sum_{i=0}$ Limite profondità
Parentesi	$\left\{\begin{matrix}x\\y\end{matrix}\right.$ Sovradimensionato	$\left\{\begin{matrix}x\\v\end{matrix}\right.$ Spaziatura
Matrici	$\begin{bmatrix}a & c\\b & d\end{bmatrix}$ Interlinea	$\begin{bmatrix}a & c\\b & d\end{bmatrix}$ Distanza colonne
Simboli	m^i Valore primario	$\ddot{m}$ Distanza minima
Operatori	∇x Sovradimensionato	∇x Spaziatura
Margini	$E=ma^2$ Sinistra / $E=ma^2$ Destra	$E=ma^2$ In alto / $E=ma^2$ In basso

Modificare l'allineamento

Le impostazioni di allineamento determinano il modo in cui gli elementi della formula, posizionati uno sopra all'altro, vengono allineati orizzontalmente ciascuno rispetto agli altri. Usate **Formato > Allineamento** per scegliere tra *Sinistra*, *Al centro* o *Destra* su base globale.

Figura 19: finestra di dialogo Allineamento

Anche qui potete utilizzare il pulsante **Predefinito** per fare in modo che la modifica venga applicata a tutte le formule, invece che soltanto a quella corrente. Il seguente esempio mostra l'effetto in situazioni differenti:

Allineamento	Esempi		
sinistra	$\dfrac{x^2-9}{x}$	$\begin{pmatrix} 100 \\ 7 \end{pmatrix}$	$c^2=a^2+b^2-2ab\cos\gamma$ $\cos\gamma=\dfrac{c^2-a^2-b^2}{-2ab}$
centrato (Predefinito)	$\dfrac{x^2-9}{x}$	$\begin{pmatrix} 100 \\ 7 \end{pmatrix}$	$c^2=a^2+b^2-2ab\cos\gamma$ $\cos\gamma=\dfrac{c^2-a^2-b^2}{-2ab}$
destra	$\dfrac{x^2-9}{x}$	$\begin{pmatrix} 100 \\ 7 \end{pmatrix}$	$c^2=a^2+b^2-2ab\cos\gamma$ $\cos\gamma=\dfrac{c^2-a^2-b^2}{-2ab}$

Non è possibile allineare le formule a un particolare carattere.

Le impostazioni predefinite dell'allineamento non vengono applicate agli elementi di testo, che rimangono sempre allineati a sinistra. Nei seguenti esempi, l'allineamento predefinito è a *destra* ma il primo esempio inizia la seconda riga con del testo (sebbene testo vuoto) e viene pertanto allineato a sinistra.

Codice di istruzioni testuali	Risultato

```{1+2+3+4} over 5 + 2 over {60+70+80+90}```
```newline```
```""=2+1 over 150```
	$\dfrac{1+2+3+4}{5}+\dfrac{2}{60+70+80+90}$
	 $=2+\dfrac{1}{150}$

```{1+2+3+4} over 5 + 2 over {60+70+80+90}```
```newline```
```{}=2+1 over 150```
	$\dfrac{1+2+3+4}{5}+\dfrac{2}{60+70+80+90}$
	 $=2+\dfrac{1}{150}$

Indipendentemente dall'allineamento predefinito, è possibile allineare le formule esplicitamente usando i comandi **alignl**, **alignc** e **alignr**. Questi attributi funzionano anche per gli elementi di testo.

Modifica del colore

Potete usare il comando **color** per cambiare il colore di parte di una formula: con **color red ABC** otterrete ABC . Sono disponibili 8 colori: **white**, **black**, **cyan**, **magenta**, **red**, **blue**, **green**, **yellow**.

È possibile dare un colore a parte di una formula se è inserita tra **{ }** o altre parentesi. Ad esempio con **A B color green {C D} E** otterrete $ABCDE$.

Se vengono utilizzati più colori, quello più interno alla formula viene applicato come in questo esempio: **color blue {A B color yellow C D}** vi darà $AB\ \ D$.

In Math non è possibile selezionare un colore di sfondo; lo sfondo rimane sempre trasparente. Il colore di sfondo dell'intera formula coincide quindi con lo sfondo del documento o della cornice (ad esempio in un documento di testo). In Writer, potete sfruttare le proprietà dell'oggetto (clic con il pulsante destro > **Oggetto**) per scegliere un colore di sfondo per l'intera formula (vedere "Sfondo, bordi e dimensioni" a pagina 30).

Formule nei documenti di Writer

Numerazione delle equazioni

La numerazione delle equazioni è una delle funzionalità più nascoste di Writer. I passi da seguire sono semplici, ma non molto intuitivi:

1) Iniziate una nuova linea.
2) Digitate **fn** e poi premete *F3*.

fn verrà sostituito da una formula numerata:

$$E = mc^2 \tag{2}$$

Adesso potete modificare la formula facendo doppio clic su di essa.

Potete fare riferimento a una equazione ("come mostrato nell'Equazione (2)") seguendo questi passaggi:

1) Scegliete **Inserisci > Riferimento incrociato** dalla barra dei menu.
2) Nella scheda *Riferimenti incrociati* (Figura 20), sotto la voce *Tipo di campo*, selezionate *Testo*.
3) Sotto la voce *Selezione*, scegliete il numero dell'equazione.
4) Sotto la voce *Inserisci riferimento a*, selezionate *Testo di riferimento*.
5) Fate clic su **Inserisci**.

Se successivamente vengono inserite nel documento nuove equazioni prima di quelle presenti già numerate, tutta la numerazione viene modificata automaticamente e i riferimenti contenuti nel testo vengono aggiornati.

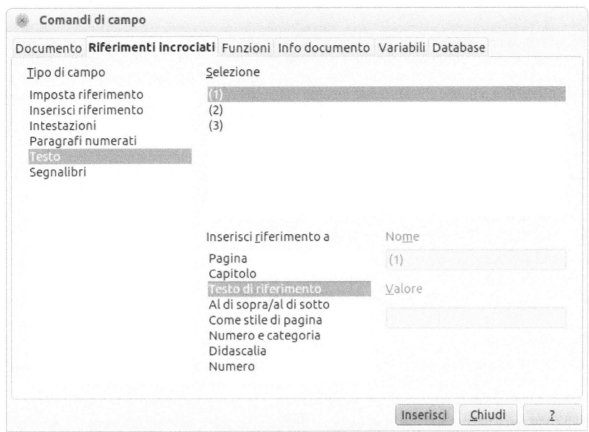

Figura 20: inserimento di un riferimento incrociato a un numero di equazione

Suggerimento	Se desiderate che il numero dell'equazione non sia racchiuso tra parentesi, scegliete *Numero* invece di *Riferimento* sotto *Inserisci riferimento a*.

Il Testo automatico inserito come risultato della procedura sopra descritta consiste di una tabella 1x2. La cella di sinistra contiene la formula, mentre quella di destra contiene il numero. Il numero è un contatore automatico chiamato Testo. Potete modificare il Testo automatico se, ad esempio, preferite parentesi quadre invece che rotonde, oppure se desiderate che la formula e il numero siano separati da tabulazione invece che formattati come tabella. Al riguardo leggete la sezione relativa all'"'Uso del Testo automatico" nel Capitolo 3 (Lavorare con il Testo) nella *Guida a Writer*.

Posizione

Normalmente una formula è ancorata *Come carattere* in un documento di Writer. È possibile comunque, come con qualsiasi altro oggetto OLE, modificare il metodo di ancoraggio, così da posizionare la formula dove desiderate. Per ulteriori informazioni, vedere il Capitolo 11 (Immagini, Galleria e Fontwork) della *Guida introduttiva*.

Per impostazione predefinita, gli oggetti formula ancorati *Come carattere* sono automaticamente allineati verticalmente alla linea di base del testo circostante. Per allineare la formula manualmente, andate su **Strumenti > Opzioni > LibreOffice Writer > Formattazione** e togliete la spunta dall'opzione **Allineamento linea di base Math**. Questa impostazione è memorizzata nel documento e viene applicata a tutte le formule al suo interno. I nuovi documenti utilizzano l'impostazione configurata in questa finestra di dialogo.

Margini

Un oggetto di Math, inserito in un documento, ha dei margini alla sua sinistra e alla sua destra, che lo separano dal testo circostante. Se non desiderate questo comportamento, è meglio modificare lo stile di cornice per le formule, siccome tale modifica verrà applicata simultaneamente a tutte le formule esistenti e a quelle che verranno inserite in futuro nel documento. Procedete come segue:

1) Premete **F11**. Si apre la finestra di dialogo *Stili e formattazione*.

2) Fate clic sulla scheda *Stili di cornice*.

3) Trovate lo stile di cornice *Formula* e fateci clic sopra con il pulsante destro.

4) Scegliete *Modifica* dal menu contestuale. Si apre la finestra di dialogo *Stile di cornice*.

5) Passate alla scheda *Scorrimento*. Nella sezione Distanza cambiate i valori per *Sinistra* e *Destra* a 0.00.

6) Fate clic su **OK** per chiudere la finestra di dialogo.

Ciò modificherà la distanza per tutte le formule la cui distanza non è stata regolata manualmente. Potete trovare maggiori informazioni sull'uso degli stili in "Layout predefinito tramite lo stile" a pagina 39 e nel Capitolo 3 (Uso di Stili e Modelli) della *Guida introduttiva*.

Modalità testo

Le formule più ampie dovrebbero essere inserite in un paragrafo a sé, separato dal testo. Quando usate elementi delle formule in un testo scorrevole, tali elementi possono essere più alti dell'altezza delle lettere.

In ogni caso, se è necessario posizionare una formula in un testo scorrevole, attivate l'editor di equazioni e andate su **Formato > Modo testo**. Math cercherà di restringere la formula per adattarla all'altezza delle lettere. Il numeratore e il denominatore delle frazioni vengono ristretti, e i limiti di integrali e somme vengono posizionati di fianco al segno dell'integrale/somma.

Esempio:

Formula in un paragrafo separato:

$$\sum_{i=2}^{5} i^2$$

e la stessa formula inserita in modo testo: $\sum_{i=2}^{5} i^2$

Sfondo, bordi e dimensioni

Per quanto concerne la formattazione, le formule sono trattate come oggetti del tipo *Stile di cornice*, con lo Stile di cornice Formula. Il colore di sfondo e i bordi possono essere impostati usando questo stile o direttamente con **Formato > Cornice/Oggetto**, o facendo clic con il pulsante destro sulla formula e scegliendo **Oggetto** dal menu contestuale. Nell'installazione di base le formule hanno uno sfondo trasparente senza bordi. Le dimensioni della formula non possono essere modificate; in un documento di Writer dipendono direttamente dal modo in cui la formula è costruita (vedere "Modifica delle dimensioni dei caratteri" a pagina 22).

Creazione di una libreria di formule

Quando utilizzate il componente di Math direttamente tramite **File > Nuovo > Formula**, vengono creati dei documenti con estensione file .odf, ciascuno contenente una singola formula. Potete fare uso di questi file per costruirvi una libreria delle formule utilizzate più frequentemente. Le formule incorporate possono anche essere memorizzate come documenti di Math separati facendo clic con il pulsante destro sulla formula e scegliendo **Salva copia con nome** dal menu contestuale. Per inserire un documento di Math in un documento di Writer, scegliete **Inserisci > Oggetto > Oggetto OLE.** Selezionate l'opzione *Crea da file* e inserite il percorso del file oppure cercatelo con il file manager del vostro sistema, premendo il pulsante **Cerca**.

Nota	Non è possibile inserire il documento trascinando e rilasciando con il mouse, né usando **Inserisci > File**.

Le formule non possono essere salvate nella galleria in quanto non sono in un formato grafico. Potete comunque salvarle come Testo Automatico. Scrivete la formula in un paragrafo separato, selezionatelo e scegliete **Modifica > Testo automatico**. Per ulteriori informazioni vedere "Uso del Testo automatico" nel Capitolo 3 (Lavorare con il testo) nella *Guida a Writer*.

Inserimento veloce delle formule

Se conoscete già le istruzioni testuali della vostra formula, seguite questo metodo per comporla velocemente:

- Scrivete le istruzioni testuali della formula in Writer.
- Selezionate le istruzioni testuali.
- Inserite la formula usando un pulsante della barra degli strumenti, una voce di menu, oppure una scorciatoia da tastiera (vedere "Aggiungere tasti di scelta rapida" a pagina 35).

In questo modo eviterete di aprire e chiudere la finestra di Math, risparmiando così del tempo.

Formule in Calc, Impress e Draw

Proprietà grafiche

Le formule hanno proprietà simili in Calc, Impress e Draw. Sono sempre inserite con uno sfondo trasparente e senza bordi. In Draw e Impress viene loro assegnato lo stile grafico *Predefinito*; invece in Calc non vi è uno stile assegnato e le proprietà vanno specificate direttamente. Le proprietà mostrate nella finestra Stili e formattazione, nel menu contestuale e nel menu **Formato > Immagine** sono limitate, se non del tutto assenti.

Linea, Area, Ombra

Potete impostare i valori, ma le impostazioni verranno ignorate.

Attributi testuali

Tutti gli attributi testuali, come il tipo di carattere e l'allineamento, non si riferiscono al testo della formula ma all'elemento di testo presente in tutti gli oggetti grafici. Per accedere a un oggetto selezionato premete il tasto *F2*. Per maggiori informazioni, leggere la sezione "Lavorare con il testo in Draw" nel Capitolo 10 (Draw tecniche avanzate) della *Guida a Draw*.

Posizione

Una formula può essere posizionata ovunque si voglia. Usate il mouse, le frecce direzionali, o la finestra di dialogo Posizione e Dimensione raggiungibile da **Formato > Posizione e Dimensione**.

Dimensioni

Nei documenti una formula non è rappresentata direttamente ma è sostituita da un'immagine. Le dimensioni dell'immagine sono inizialmente protette. Per cambiare le dimensioni, aprite la finestra di dialogo Posizione e dimensione e, nella prima scheda, nella sezione *Proteggi*, deselezionate la casella **Dimensione**. Ciò attiva la sezione *Dimensione* immediatamente più sopra. Inserite le vostre modifiche. Quando la finestra di dialogo viene chiusa, le dimensioni tornano ad essere protette.

La modifica delle dimensioni non si riflette sulla formula stessa ma solo sulla sua rappresentazione grafica. In particolare, le dimensioni di base del tipo di carattere della formula non cambiano (vedere "Modifica delle dimensioni dei caratteri" a pagina 22). Per tornare alle dimensioni determinate dal contenuto della formula, usate l'opzione *Dimensione originale* nel menu contestuale. Ciò consente di correggere errori di dimensionamento che possono essere causati dall'inserimento di una formula da un modulo differente.

Rotazione, inclinazione, e capovolgimento

Rotazione, inclinazione, e capovolgimento (la creazione di immagini specchiate) non sono possibili; le corrispondenti opzioni nella finestra di dialogo sono disattivate. Se l'operazione è necessaria, convertite la formula in una immagine *metafile GDI*. Una volta fatto questo, non è più una formula ma un'immagine. Copiate la formula negli appunti. Scegliete **Modifica > Incolla speciale** oppure, nella barra degli strumenti standard, usate il menu Incolla (accessibile dal triangolino a destra dell'icona Incolla) e scegliete l'opzione **Metafile GDI.**

Combinare formule con il testo

Siccome la formula è un oggetto OLE, non potete inserirla nel contenuto di una cella di un foglio elettronico, di una immagine oppure di un oggetto di una presentazione. Quindi, al contrario di Writer, non è possibile integrare le formule con il testo scorrevole. Ecco alcune alternative.

Elementi di testo all'interno della formula

Potete scrivere il testo direttamente all'interno della formula. Ad esempio:

L'illustrazione del parallelogramma suggerisce la relazione $\vec{AB}=\vec{CD} \Leftrightarrow \vec{AC}=\vec{BC}$.
Ma questo non costituisce una prova.

L'istruzione testuale corrispondente è:

```
"L'illustrazione del parallelogramma suggerisce la" newline
"relazione " widevec AB = widevec CD dlrarrow widevec AC = widevec BC "." newline
"Ma questo non costituisce una prova."
```

Le righe non vanno a capo automaticamente; dovete usare il comando **newline**.

Potete usare **Formato > Tipi di carattere** per far corrispondere il testo con ciò che lo circonda. Vedere "Modifica del tipo di carattere" a pagina 23.

Raggruppamento di formule con oggetti grafici

Le formule possono essere facilmente combinate con altri oggetti in un gruppo, cosa che non è possibile nei documenti di testo. Nell'esempio seguente, delle caselle di testo sono combinate con delle formule e vengono usati dei rettangoli per evidenziare parti della formula.

Si introduce ora il completamento del quadrato

$$= x^2 - 6x + 3^2 - 3^2 - 7$$

e si riuniscono gli elementi

$$= \boxed{x^2 - 6x + 3^2} \quad \boxed{-3^2 - 7}$$
$$= (x-3)^2 - 16$$

Formule negli oggetti OLE di Writer

Per poter usufruire di tutte le facilitazioni possibili nei documenti di testo, create la formula e il suo testo in Writer. Scegliete delle dimensioni di pagina che grosso modo si avvicinino al valore desiderato. Non scrivete più di una pagina in quanto la selezione delle pagine potrebbe causare problemi in seguito. Salvate il documento.

In Impress (o Draw o Calc), usate **Inserisci > Oggetto > Oggetto OLE** e scegliete poi l'opzione *Crea da file*. La formula viene incorporata come oggetto OLE in un documento che è, esso stesso, un oggetto OLE. Come risultato, la formula non può essere modificata in Impress. Per questo motivo, dovreste sempre attivare l'opzione *Collega a file*. Se avete bisogno, in seguito, di fare una modifica, aprite il documento di testo e modificate lì il testo e la formula. In Impress usate **Modifica > Collegamenti** e poi il pulsante **Aggiorna** per visualizzare la versione salvata del documento di testo. Non provate a modificare la formula in Impress; causerebbe errori nella presentazione.

Formule nei grafici

Un grafico è un oggetto OLE. Non è quindi possibile richiamare l'editor di equazioni al suo interno. Non esistendo in LibreOffice un modulo autonomo per creare grafici, non è nemmeno possibile applicare un metodo simile a quello sopra indicato usando Writer. Potete in ogni caso creare una formula al di fuori dell'editor dei grafici, copiarla negli appunti, attivare il grafico per la modifica, e incollarvi la formula precedentemente copiata. Questo procedimento converte automaticamente la formula in una immagine metafile. Se desiderate apportare ulteriori modifiche, dovete prima scartare il file creato e ripetere la procedura.

Personalizzazione

Ecco alcuni modi per personalizzare l'utilizzo di Math.

editor delle formule come finestra mobile

L'editor delle formule può coprire buona parte della finestra di Writer. Per rendere l'editor delle formule una finestra mobile, fate come segue:

1) Trascinate il mouse sopra la cornice dell'editor, come mostrato in Figura 21.
2) Tenete premuto il tasto *Ctrl* e fate doppio clic.

Figura 21: trasformare l'editor delle formule in una finestra mobile

La Figura 22 mostra il risultato. Potete riagganciare la finestra mobile usando gli stessi passaggi. Tenete premuto il tasto *Ctrl* e fate doppio clic sulla cornice della finestra.

Figura 22: l'editor delle formule come una finestra mobile

Aggiungere un pulsante a una barra degli strumenti √a

Questo pulsante, per impostazione predefinita, è presente nella barra degli strumenti **Inserisci** in Writer e Impress. Potete aggiungerlo in altre barre degli strumenti:

- Andate su **Visualizza > Barre degli strumenti > Personalizza** oppure fate clic destro all'inizio di una barra degli strumenti e scegliete **Personalizza barra degli strumenti**. Scegliete la scheda *Barre degli strumenti* e la barra che volete modificare.

- Selezionate la posizione dove volete inserire il pulsante.

- Fate clic su **Aggiungi**.

- Nella finestra di dialogo Aggiungi comandi (Figura 23), selezionate la categoria **Inserisci**, poi il comando **Formula**—quello corrispondente all'icona √a (il comando *ƒx* corrisponde all'equivalente di una formula di un foglio elettronico).

Figura 23: aggiungere un pulsante per inserire una formula

- Fate clic su **Aggiungi**. Potete poi continuare ad aggiungere pulsanti oppure fate clic su **Chiudi**.

- Nella finestra di dialogo Personalizza, usate i pulsanti con le frecce (non visibili in Figura 23) per spostare i pulsanti inseriti verso l'alto o verso il basso nella lista, prima di fare clic su **OK** per salvare le modifiche.

Aggiungere tasti di scelta rapida

Potete aggiungere un tasto di scelta rapida per inserire una formula:

- **Strumenti > Personalizza**, scheda *Tastiera*.

- Selezionate il livello della scorciatoia: *LibreOffice* per poterla utilizzare in tutti i moduli (se la scorciatoia non è in uso in questo modulo) oppure solo nel modulo corrente.

- Selezionate la categoria **Inserisci**, successivamente il comando **Formula**—quello *non* corrispondente a *F2* (*F2* corrisponde all'equivalente di una formula di un foglio elettronico).

- Selezionate la scelta rapida da applicare, poi fate clic su **Cambia**.

- Procedete allo stesso modo per altre scorciatoie con lo stesso livello, poi fate clic su **OK** per salvare.

Se la vostra scorciatoia attiva una barra di calcolo (come per Calc), ciò significa che avete scelto la funzione di *Formula* errata.

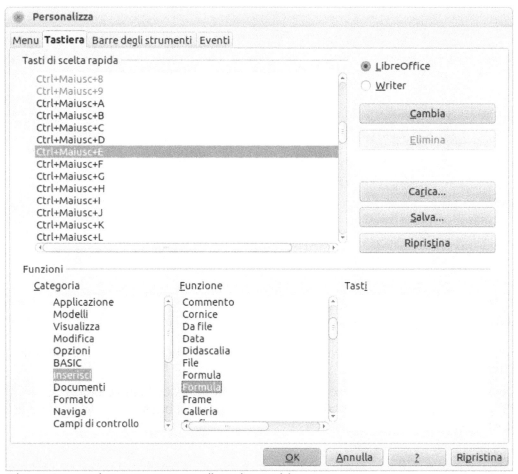

Figura 24: aggiungere un tasto di scelta rapida

Personalizzazione del catalogo

Se avete necessità di usare un simbolo non disponibile in Math, potete aggiungerlo al catalogo. Il seguente esempio mostra la procedura per i simboli utilizzati per valutare il lavoro scolastico.

1) Andate su **Strumenti > Catalogo** oppure fate clic sul pulsante Catalogo⅀ per aprire il catalogo dei Simboli (Figura 8).

2) Fate clic sul pulsante **Modifica**. Si aprirà la finestra Modifica simboli (Figura 25).

3) I simboli sono disposti in gruppi. Nella parte più bassa della finestra, scegliete un insieme disponibile per il vostro nuovo simbolo dall'elenco dei gruppi di Simboli, ad esempio il gruppo *Speciale*. Oppure potete digitare il nome di un nuovo gruppo di simboli direttamente nel riquadro.

4) Dall'elenco Tipo di carattere, scegliete un tipo di carattere che contenga il simbolo desiderato.

   Una volta selezionato il tipo di carattere, i relativi caratteri appaiono nella finestra di riepilogo dei tipi di carattere. Per effettuare la vostra scelta potete anche utilizzare la barra di scorrimento laterale all'interno di questa finestra, o usare l'elenco Area per andare direttamente alla posizione desiderata.

   Per seguire l'esempio, scegliete il tipo di carattere *DejaVu Sans* e l'area *Punteggiatura generale*.

5) Fate clic sul simbolo desiderato (Ux2032 nell'esempio). Esso apparirà allargato nel riquadro di anteprima in basso a destra (vedere Figura 26). Assicuratevi che il gruppo di simboli sia impostato su **Speciale**.

6) Nel campo Simbolo, inserite un nome per il simbolo, ad esempio *apice*.

7) Se il nome non è già utilizzato, il pulsante **Aggiungi** diviene attivo. Fateci clic sopra.

8) Mentre avete la finestra aperta potete aggiungere altri simboli. Nell'esempio, vengono aggiunti il simbolo "U+2033", chiamato doppioapice, e il simbolo "U+2034", chiamato triploapice (vedere Figura 27).

9) Fate clic su **OK** per chiudere la finestra di dialogo.

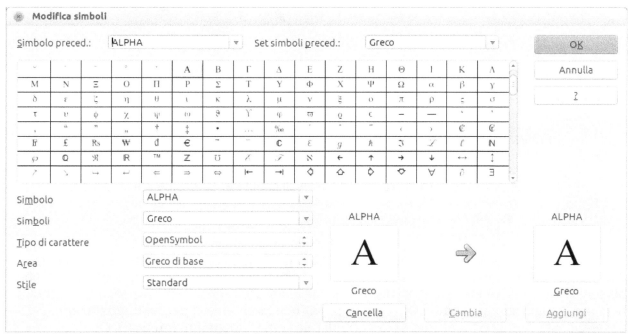

Figura 25: finestra di dialogo Modifica simboli

Figura 26: finestra di dialogo Modifica simboli: caratteri selezionati

Ora l'area di visualizzazione dei gruppi di Simboli mostra il nuovo simbolo. Potete selezionarlo, esattamente come gli altri simboli, o da questa finestra, o scrivendolo direttamente nell'editor di equazioni, nella forma %apice.

Attenzione	I simboli (Greco o Speciale), diversamente dai comandi, sono sensibili al maiuscolo/minuscolo.

Esistono inoltre numerosi tipi di carattere gratuiti che contengono molti simboli matematici. Per il tipo di carattere "STIX[1]" è opportuno un cenno speciale. È stato sviluppato in modo particolare per la scrittura di testi matematici e tecnici. Anche i tipi di carattere DejaVu[2] e Lucida[3] hanno un buon numero di simboli.

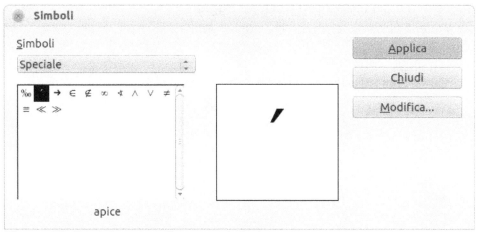

Figura 27: il catalogo con il nuovo simbolo

Nota	Diversi simboli sono presenti in più tipi di carattere. Se desiderate scambiare documenti con altre persone, fate attenzione a utilizzare un tipo di carattere che sia installato anche sui loro computer.

Nell'installazione di base di LibreOffice, solo i simboli personalizzati, effettivamente presenti nel documento, vengono memorizzati al suo interno. A volte può tornare utile incorporare tutti i simboli personalizzati, ad esempio quando il documento deve essere ulteriormente modificato da un'altra persona. Andate su **Strumenti > Opzioni > LibreOffice Math** e nella pagina **Impostazioni**, deselezionate l'opzione **Incorpora solo simboli utilizzati (dimensioni inferiori)**. Questa impostazione è disponibile solo quando si lavora su documenti di Math.

Personalizzare gli operatori

Un nome, per essere riconosciuto come una funzione (cioè, per essere scritto con tipo di carattere regolare, non corsivo), deve essere preceduto dal codice di istruzione testuale **func**.

Un operatore, per essere ingrandito e per accettare i limiti come integrale o come somma, deve essere preceduto dal codice di istruzione testuale **oper**. È possibile usare una lettera, un nome, o un simbolo personale (vedere "Personalizzazione del catalogo" a pagina 36). $\underset{i \in I}{F} A_i$ è scritta

`oper F from {i in I} A_i`.

Potete modificare il comportamento di un operatore o cambiare uno dei vostri simboli personali in un operatore usando i codici di istruzione testuale **boper**, per creare un operatore binario, e **uoper**, per creare un operatore unario.

---

1   I file del tipo di carattere STIX (Scientific and Technical Information Exchange) sono disponibili sul sito http://www.stixfonts.org
2   I file per il DejaVu Sans sono disponibili sul sito http://www.dejavu-fonts.org
3   Il tipo di carattere Lucida Sans fa parte del pacchetto JRE, che è probabilmente già installato sul vostro computer.

Spazio alla fine di una formula

L'accento grave ` inserisce un piccolo spazio addizionale all'interno della formula; la tilde ~ ne inserisce uno più grande. Nell'installazione di base, questi simboli vengono ignorati quando si presentano alla fine di una formula. Tuttavia, quando lavorate con testo scorrevole, potrebbe essere necessario includere una spaziatura anche alla fine delle formule. Questa personalizzazione è disponibile solo se state lavorando con un documento di Math, e non quando state incorporando un oggetto di Math.

Aprite un documento di Math tramite **File > Nuovo > Formula**. Aprite la finestra di dialogo di personalizzazione con **Strumenti > Opzioni** e scegliete **LibreOffice Math**. Nella pagina *Impostazioni* deselezionate l'opzione **Ignora ~ e ` alla fine della riga**.

Layout predefinito tramite lo stile

In Writer, le formule sono formattate secondo lo Stile di cornice Formula. Nella finestra Stili e formattazione (visualizzabile con *F11*), fate clic sulla terza icona in alto: *Stili di cornice*. Fate clic con il pulsante destro su **Formula** e selezionate **Modifica**. In tal modo, potete direttamente modificare tutte le formule di un documento, riguardo a spaziatura (pagina 30) o sfondo (pagina 30), a meno che non modifichiate manualmente la formattazione della formula.

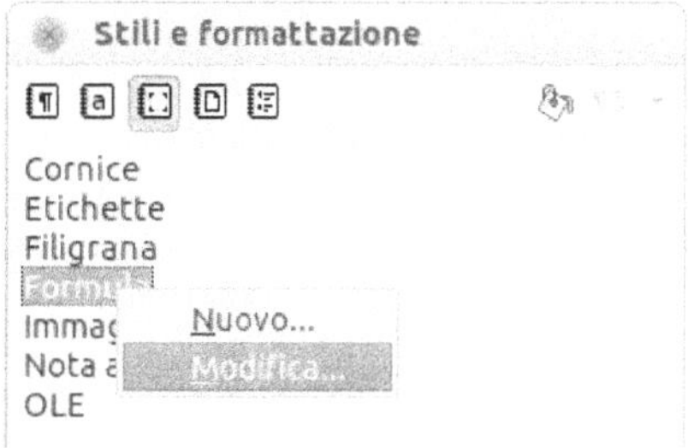

Figura 28 : modifica dello Stile di cornice Formula

Per applicare questo stile in tutti i nuovi documenti di Writer, dovete includere lo stile Formula nel vostro modello predefinito.

Per fare ciò, create un nuovo documento di Writer e modificate lo Stile di cornice Formula come preferite. Salvate il documento usando **File > Modelli > Salva**. Per impostare questo modello come predefinito, selezionate **File > Modelli > Gestisci** e fate doppio clic su **Personalizzati**. Fate clic con il pulsante destro sul modello appena creato e scegliete **Imposta come modello predefinito**. Se desiderate ritornare al modello impostato come predefinito con l'installazione, usate il comando **Ripristina il modello predefinito**.

I nuovi documenti di testo saranno basati su questo modello.

Applicazione alle formule chimiche

Math è stato disegnato per creare formule matematiche, ma può anche essere usato per scrivere formule chimiche. In chimica, le formule vengono rappresentate ad esempio come H_2O: i nomi di solito sono in maiuscolo non corsivo. Per scrivere formule chimiche con Math, potreste impostare non-corsivo per le variabili (vedere "Modifica del tipo di carattere" a pagina 23).

Di seguito alcuni esempi di formule chimiche.

Costruzione	Esempio	Inserimento
Molecole	H_2SO_4	**H_2 SO_4** (fate attenzione allo spazio!)
Isotopi	$^{238}_{92}U$	**U lsub 92 lsup 238**
Ioni	SO_4^{2-}	**SO_4^{2-{}}** oppure **SO_4^{2"-"}**

Nota: **lsub** oppure **lsup** sono abbreviazioni per *left subscript* e *left superscript* (rispettivamente pedice sinistro e apice sinistro). Le parentesi graffe vuote dopo **2-** sono necessarie per evitare errori, siccome non è presente un membro a destra, dopo il segno meno.

Per le reazioni reversibili, non è presente in *Math* una doppia freccia soddisfacente. Se avete un tipo di carattere con un simbolo corretto, potete usare il metodo descritto in "Personalizzazione del catalogo" a pagina 36. Ad esempio, nei tipi di carattere DejaVu sono presenti queste doppie frecce ⇄ ⇆ ⇇ ⇌.

Diversamente, potete copiare un carattere speciale da un altro documento e incollarlo in una formula, come in questo esempio: C+O⇌CO   "⇌". Potete inoltre trovare altre doppie frecce a questo indirizzo:
http://dev.w3.org/html5/html-author/charref (carattere x021C4 e seguenti).

Esportare e importare

Esportare come MathML

Oltre ad esportare documenti in PDF, come descritto nel Capitolo 10 (Stampa, esportazione e invio di e-mail) della *Guida introduttiva*, Math offre la possibilità di esportare le formule come MathML. I browser sfortunatamente non seguono questo standard perfettamente. Eventuali errori nella visualizzazione potrebbero quindi essere dovuti al vostro browser.

Come esempio, prendete questa formula:

Istruzioni testuali	*Risultato*
`%zeta (z) = sum from {n = 1} to infinity {1 over {n^z}} newline left(matrix {a # b ## c # d}right) newline "Testo" newline int_0^x f(t) dt newline x = 3 y = 1`	$\zeta(z) = \sum_{n=1}^{\infty} \frac{1}{n^z}$ $\begin{pmatrix} a & b \\ c & d \end{pmatrix}$ Testo $\int_0^x f(t)dt$ $x = 3 y = 1$

In questa formula sono utilizzate molte delle funzionalità offerte da Math, e questo la rende utile per i test.

Se state lavorando in un documento di Math separato, andate su **File > Salva con nome** per aprire la finestra di dialogo *Salva con nome*. Scegliete MathML dall'elenco dei formati di file disponibili per salvare la formula come MathML.

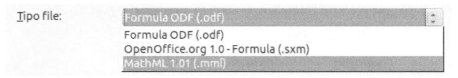

Per una formula incorporata, scegliete **Salva copia con nome** dal menu contestuale.

Risultato

Questa formula è stata successivamente testata con vari browser.

$\zeta(z) = \sum\limits_{n=1}^{\infty} \frac{1}{n^z}$ $\begin{pmatrix} a & b \\ c & d \end{pmatrix}$ Testo $\int_0^x f(t)dt$ $x = 3y = 1$	$\zeta(z) = \sum\limits_{n=1}^{\infty} \frac{1}{n^z}$ $\begin{pmatrix} a & b \\ c & d \end{pmatrix}$ Testo $\int_0^x f(t)\,dt$ $x = 3y = 1$
Firefox 14.0.1	Opera 12.00

```
<?xml version="1.0" encoding="UTF-8"?>

<math xmlns="http://www.w3.org/1998/Math/MathML">
 <semantics>
  <mtable>
   <mtr>
    <mtd>
     <mrow>
      <mo stretchy="false">Î¶</mo>
      <mrow>
```

Internet Explorer 9

> Questo file XML non sembra avere informazioni di stile associate. Sotto è mostrato l'albero del documento.

```
▼<math xmlns="http://www.w3.org/1998/Math/MathML">
  ▼<semantics>
    ▼<mtable>
      ▼<mtr>
        ▼<mtd>
          ▼<mrow>
            <mo stretchy="false">ζ</mo>
            ▼<mrow>
```

Chromium 13 e Google Chrome 20.0

Safari 5.1 apre soltanto il file manager per salvare i dati.

Formati file di Microsoft

Le opzioni in **Strumenti > Opzioni > Carica/Salva > Microsoft Office** controllano come vengono effettuate, con riguardo alle formule, l'importazione e la esportazione di file con formati di Microsoft Office.

Caricamento

Se [C] è spuntato, LibreOffice converte le formule di Microsoft nel formato nativo quando il documento viene caricato. La conversione è possibile solo se le formule sono state create con MathType[4] (fino alla versione 3.1) o con Microsoft Equation Editor. Quest'ultimo è una versione ridotta e più vecchia di MathType con licenza Microsoft e incluso nel pacchetto Microsoft Office.

---

4   http://www.dessci.com/en/

Le formule create con versioni più recenti di MathType o dal nuovo editor di formule di Microsoft "OMML[5] Equation Editor" (presente in Microsoft Office Suite 2010 e 2007) non possono essere convertite.

Se un documento creato con Microsoft Office 2010 e contenente una formula OMML viene salvato in un file con formato .doc, Microsoft Office converte la formula in un grafico. Solo questo grafico diviene poi accessibile da LibreOffice.

Se caricate un documento .docx che contiene delle formule OMML, la conversione fallirà, indipendentemente dal fatto che [C] sia spuntato o meno.

In Microsoft Office, le formule create con MathType o Microsoft Equation Editor vengono trattate come oggetti OLE. Se [C] non è spuntato, LibreOffice manterrà questo comportamento. Un doppio clic sull'oggetto avvierà MathType e si potranno inserire nuove formule usando **Inserisci > Oggetto > Oggetto OLE**. Questa configurazione è raccomandata se avete MathType installato e volete usarlo per creare e modificare le formule.

Salvataggio

Se [S] è spuntato, LibreOffice converte le formule in una forma che può essere letta e modificata da Microsoft Equation Editor e da MathType. Quando [S] non è spuntato, le formule vengono trattate come un oggetto OLE nella conversione in formato .doc, e rimangono collegate a LibreOffice. Un doppio clic sull'oggetto in Word aprirà quindi LibreOffice.

Se salvate nel formato .docx, le formule non vengono convertite, indipendentemente dal fatto che [S] sia spuntato o meno.

Aprire file di testo OpenDocument in Microsoft Word 2010

Quando utilizzate Microsoft Office 2010, potete aprire i file in formato .odt di LibreOffice. Microsoft Office 2010 riporterà un errore, ma aprirà comunque un documento "riparato". In questo documento qualsiasi formula presente viene convertita in OMML. Se lo salvate nuovamente in formato .odt, Microsoft Office 2010 convertirà le formule in MathML, e saranno nuovamente modificabili in LibreOffice. Assicuratevi che i simboli che devono stare insieme siano inclusi all'interno di parentesi di raggruppamento graffe, anche se queste ultime non sono necessarie per la visualizzazione in LibreOffice. Ciò permette a LibreOffice di convertire correttamente la formula in MathML. Per esempio, utilizzate `sum from {i=1} to n {i^2}` invece di `sum from i=1 to n i^2`.

Con la conversione, gli elementi di annotazione vengono persi. Come risultato, LibreOffice non visualizzerà più le istruzioni testuali originali di Math nell'editor delle equazioni, ma genererà invece delle nuove istruzioni testuali dalla notazione interna di MathML.

XHTML

Il formato di file XHTML è disponibile solo come formato per l'esportazione. Per questo motivo troverete l'opzione in **File > Esporta** invece che in **File > Salva con nome**. Se questa opzione non è presente nella vostra installazione, potete installare il filtro necessario (avviate l'Installazione di LibreOffice, selezionate **Modifica** e selezionate poi **Componenti opzionali > Filtri esempio XSLT**). L'immagine che sostituisce la formula è incorporata nel file, ma il codice di istruzione testuale originale di Math, incluso come un elemento annotazione in MathML, in questo caso non è presente (confrontate con la sezione "Esportare come MathML" a pagina 40).

---

5   Istruzioni Testuali di Office Math

La corretta visualizzazione del documento dipende dal browser. Firefox mostra il documento correttamente, comprese le formule. Opera e Internet Explorer hanno qualche problema con le immagini incorporate.

Il vecchio filtro "HTML Document (OpenOffice.org Writer)(.html)" non salva le formule ma usa solamente un'immagine in bassa risoluzione nel formato di file .gif.

Flat XML

Questo formato può essere sia letto che salvato da LibreOffice. Se l'opzione non è presente sotto **File > Salva** oppure sotto **File > Salva con nome**, potete installare il filtro necessario. In questo formato l'intero contenuto del documento, inclusi i modelli, viene salvato in un documento XML. In altre parole, non è una cartella compressa, come sono solitamente i file OpenDocument. Tutte le formule sono incluse come elementi di MathML, con un risultato simile a quello dell'esportazione in MathML. Comunque le singole formule non vengono salvate; viene solo salvato l'intero documento contenente le formule. Questo formato è adatto per l'accesso diretto in un sistema di controllo di versione esterno.

Estensioni

Se usate *Math* frequentemente, potreste voler installare una delle seguenti estensioni, che facilitano la modifica delle formule. I programmi non sono in concorrenza tra di loro, ma si completano a vicenda quando possibile. Tuttavia, *Dmaths* e *CmathOOo* **non possono essere installati contemporaneamente**. Infatti sono entrambi complementari; potreste installarli separatamente per testarli, prima di scegliere quello più adatto alle vostre esigenze.

Dmaths – un'estensione per avere più di una semplice digitazione veloce delle formule

Dmaths è un pacchetto di macro matematiche per LibreOffice Writer, che può essere installato come un'estensione. Può essere scaricato da http://extensions.libreoffice.org/.

Dopo aver installato Dmaths, chiudete e riaprite LibreOffice. Writer mostrerà un nuovo menu (Figura 29), una nuova barra degli strumenti (personalizzabile) con 36 pulsanti (Figura 30), una nuova barra degli strumenti con 26 pulsanti per Gdmath (Figura 31), una nuova barra degli strumenti con 10 pulsanti per AHmath3D (Figura 32), e due barre degli strumenti più corte per mostrare o nascondere le barre più lunghe e per accedere ad alcune altre funzionalità (Figura 33).

Figura 29: menu di Dmaths

Figura 30: barra degli strumenti personalizzabile di Dmaths

Figura 31: barra degli strumenti di Gdmath

Figura 32: barra degli strumenti di AHmath3D

*Figura 33: barre degli strumenti per mostrare o nascondere
ulteriori funzionalità*

Dmaths offre numerosi strumenti per creare documenti matematici:

- Creazione di formule di Math da testo con un singolo clic (simboli arancioni)
- Creazione di formule di Math usando una finestra di dialogo di digitazione (simboli viola)
- Etichettatura del testo (simboli blu)
- Cambio delle proprietà di formule esistenti (simboli verdi)
- Disegno di grafici, griglie, diagrammi statistici e figure geometriche (simboli ciano)
- Disegno e modifica di oggetti geometrici (barra degli strumenti grigia di Gdmath, disponibile anche in LibreOffice Draw)
- Disegno di oggetti 3D (barra degli strumenti 3D di AHmath con modelli wireframe)

Il menu fornisce l'accesso ad ulteriori componenti aggiuntivi, configurazioni, e ad una dettagliata *Guida per Dmaths*.

Dmaths è stato inizialmente creato da un matematico francese, Didier Dorange, ma è ora disponibile in tedesco, inglese e spagnolo, oltre che in francese. Il sito web originale è www.dmaths.org.

Computazione simbolica con CmathOOo e CmathOOoCAS

CmathOOo permette di inserire espressioni matematiche in un documento di elaborazione testi usando la stessa sintassi di una calcolatrice di scuola superiore. *CmathOOoCAS* permette la computazione simbolica (allo stesso modo di Xcas[6]) direttamente dall'elaborazione del testo;

---

6 http://www-fourier.ujf-grenoble.fr/~parisse/giac.html

formato e layout del risultato sono ottenuti utilizzando *CmathOOo*. Queste estensioni possono essere scaricate da:

http://extensions.services.openoffice.org/fr/project/CmathOOo e da http://extensions.services.openoffice.org/fr/project/CmathOOoCAS o dal sito web di Christophe Devalland http://cdeval.free.fr pagina http://cdeval.free.fr/spip.php?article85.

Dettagli tecnici

Formato OASIS Open Document per applicazioni Office

La specifica ODF non stabilisce un nuovo standard per le formule di Math, ma assume lo Standard Mathematical Markup Language (MathML), sviluppato dal World Wide Web Consortium (W3C) per rappresentare le formule sui siti web (confrontare http://www.w3.org/TR/2003/REC-MathML2-20031021). Dei due tipi previsti, istruzione testuale di Presentazione e istruzione testuale di Contenuto, ODF utilizza il primo. Esso descrive pertanto la rappresentazione di una formula piuttosto che il suo significato matematico.

Il linguaggio di istruzione testuale MathML differisce da quello usato nell'editor delle equazioni. Così, per esempio, nella formula `int from {i=1} to 3 {f(t) {nitalic d}t}`, le parti `from... to...` non vengono tradotte ma convertite in MathML, in modo simile a `int_{i=1}^3`. La formula originale nell'editor delle equazioni è una codifica di StarMath[7] 5.0. Per prevenirne la perdita, è memorizzata come un elemento di annotazione. Le altre applicazioni non hanno bisogno di valutare né di salvare questo elemento, né lo creano.

In LibreOffice una formula è sempre associata ad una immagine sostitutiva. Nei formati contenitore - .odf, .odt e così via - queste immagini sono memorizzate in una cartella separata e sono collegate internamente al loro documento. Tuttavia, se utilizzate il formato di file "Open Document (Flat XML)" o esportate in XHTML, queste immagini devono essere incorporate. A tal fine sono codificate in BASE64.

Gestione delle formule in Basic

Questa sezione non è un'introduzione al Basic ma semplicemente descrive alcuni aspetti specifici delle formule. Potete trovare informazioni più specifiche riguardo a tipi e servizi sul sito web http://api.libreoffice.org/common/ref/com/sun/star/module-ix.html. Consultando le notazioni mostrate nell'indice, otterrete rapidamente delle descrizioni rilevanti.

Formule in un documento di Writer

In un documento di Writer tutti gli oggetti OLE, formule incluse, appartengono ad una collezione di tipo *SwXTextEmbeddedObjects*:

```
oCurrentController = ThisComponent.getCurrentController()
oTextDocument = oCurrentController.Model
oEmbeddedObjects = oTextDocument.EmbeddedObjects
```

Questa collezione è numerata in modo continuo da 0. Potete trovare un determinato oggetto con:

```
nEndIndex = oEmbeddedObjects.Count-1
for nIndex=0 to nEndIndex
```

---

7   LibreOffice è basato sulla suite StarOffice, sviluppata da StarDivision.

```
    oMathObject = oEmbeddedObjects.getByIndex(nIndex)
```

Per determinare se questo oggetto è realmente una formula, provate a verificare se supporta un servizio che è supportato dalle formule:

```
oModel = oMathObject.Model
if oModel.supportsService("com.sun.star.formula.FormulaProperties") then
```

In alternativa verificate se il CLSID, che è posseduto da ogni oggetto OLE, appartiene ad un oggetto di Math:

```
if oMathObject.CLSID = "078B7ABA-54FC-457F-8551-6147e776a997" then
```

Usando il modello, potete modificare le proprietà della formula, per esempio, le dimensioni di base dei caratteri:

```
oModel.BaseFontHeight = 12
```

Per rendere visibile la modifica, la formula deve essere ridisegnata. La proprietà **ExtendedControlOverEmbeddedObject** fornisce alcuni metodi che si applicano specificamente agli oggetti OLE:

```
oXCOEO = oMathObject.ExtendedControlOverEmbeddedObject
oXCOEO.update()
```

Come esempio, ecco una macro che permette di modificare tutta la formattazione di tutte le formule già scritte in un documento:

```
Sub ChangeFormatFormule
    oCurrentController = ThisComponent.getCurrentController()
    oTextDocument = oCurrentController.Model
    oEmbeddedObjects = oTextDocument.EmbeddedObjects
    nEndIndex = oEmbeddedObjects.Count-1
    for nIndex=0 to nEndIndex
        oMathObject = oEmbeddedObjects.getByIndex(nIndex)
        oModel = oMathObject.Model
        if (not isNull(oModel)) then
            if(not isEmpty(oModel)) then
                if oModel.supportsService("com.sun.star.formula.FormulaProperties") then
                ' or if oMathObject.CLSID =
                ' "078B7ABA-54FC-457F-8551-6147e776a997" then
                    oModel.BaseFontHeight = 11
                    policeCommune= "Liberation Serif"
                ' Variables
                    oModel.FontNameVariables= policeCommune
                    oModel.FontVariablesIsItalic=true
                    oModel.FontVariablesIsBold=false
                ' Functions
                    oModel.FontNameFunctions = policeCommune
                    oModel.FontFunctionsIsItalic=false
                    oModel.FontFunctionsIsBold=false
                ' Numbers
                    oModel.FontNameNumbers= policeCommune
                    oModel.FontNumbersIsItalic=false
                    oModel.FontNumbersIsBold=false
                ' Text
                    oModel.FontNameText= policeCommune
                    oModel.FontTextIsItalic=false
                    oModel.FontTextIsBold=false
                ' Update
                    oXCOEO = oMathObject.ExtendedControlOverEmbeddedObject
```

```
                oXCOEO.update()
            endif ' if formula
         endif ' if not empty
      endif ' if not null
   next nIndex
   ThisComponent.reformat() ' Met à jour tous les éléments du document
End Sub
```

Controllate la pagina d'aiuto[8] sulle *Proprietà della formula* per conoscere tutte le altre proprietà modificabili.

Formule in documenti di Draw/Impress/Calc

In un documento di Draw, Impress o Calc, gli oggetti OLE sono, in modo simile, trattati come immagini. Dopo aver acceduto a un particolare oggetto, si verifica se è un oggetto OLE, e poi se è una formula. Il nucleo della vostra macro dovrebbe assomigliare a qualcosa del genere:

```
if oShape.supportsService("com.sun.star.drawing.OLE2Shape") then
    if oShape.CLSID = "078B7ABA-54FC-457F-8551-6147e776a997" then
        oModelFormula = oShape.Model
        oModelFormula.BaseFontHeight = 12
```

In questo caso un aggiornamento esplicito non è necessario.

---

8 http://api.libreoffice.org/common/ref/com/sun/star/formula/FormulaProperties.html

Operatori unari/binari

Operazione	Istruzione	Risultato visivo
segno +	+1	$+1$
segno -	-1	-1
segno +/–	+-1 *oppure* plusminus 1	± 1 *oppure* ± 1
segno –/+	-+1 *oppure* minusplus 1	∓ 1 *oppure* ∓ 1
Addizione +	a + b	$a+b$
Sottrazione (–)	a - b	$a-b$
Prodotto scalare	a cdot b	$a \cdot b$
Moltiplicazione (X)	a times b	$a \times b$
Moltiplicazione (asterisco)	a * b	$a * b$
Divisione (come frazione)	a over b	$\dfrac{a}{b}$
Divisione (come un operatore)	a div b	$a \div b$
Divisione (con una barra)	a / b	a/b
Concatenazione	a circ b	$a \circ b$
Divisione (con una barra ampia)	a wideslash b	$^{a}\!\!\big/\!_{b}$
Barra rovesciata ampia	a widebslash b	$_{a}\!\!\big\backslash\!^{b}$
Not booleano	neg a	$\neg a$
And booleano	a and b *oppure* a & b	$a \wedge b$ *oppure* $a \wedge b$
Or booleano	a or b *oppure* a | b	$a \vee b$ *oppure* $a \vee b$
Barra rovesciata	a bslash b	$a \backslash b$
Somma diretta	a oplus b	$a \oplus b$
	a ominus b	$a \ominus b$
Prodotto tensoriale	a otimes b	$a \otimes b$
	a odot b	$a \odot b$
	a odivide b	$a \oslash b$
Operatore unario personalizzabile	uoper monOp b	$monOp\, b$
Operatore binario personalizzabile	a boper monOp b	$a\ monOp\ b$

Relazioni

Operazione	Istruzione	Risultato visivo
È uguale	a = b	$a=b$
Non è uguale	a <> b *oppure* a neq b	$a \neq b$ *oppure* $a \neq b$
Minore di	a < b *oppure* a lt b	$a<b$ *oppure* $a<b$
Minore o uguale a	a <= b a leslant b	$a \leq b$ $a \leqslant b$
Notevolmente piccolo	a ll b *oppure* a << b	$a \ll b$ *oppure* $a \ll b$
Maggiore di	a > b *oppure* a gt b	$a>b$ *oppure* $a>b$
Maggiore o uguale a	a >= b a geslant b	$a \geq b$ $a \geqslant b$
Notevolmente grande	a gg b *oppure* a >> b	$a \gg b$ *oppure* $a \gg b$
Approssimativamente uguale	a approx b	$a \approx b$
Simile a	a sim b	$a \sim b$
Simile o uguale a	a simeq b	$a \simeq b$
Congruente	a equiv b	$a \equiv b$
Proporzionale	a prop b	$a \propto b$
Parallelo	a parallel b	$a \| b$
Ortogonale a	a ortho b	$a \perp b$
Divide	a divides b	$a	b$
Non divide	a ndivides b	$a \nmid b$
Tendente a	a toward b	$a \rightarrow b$
Freccia sinistra	a dlarrow b	$a \Leftarrow b$
Doppia freccia a sinistra e a destra	a dlrarrow b	$a \Leftrightarrow b$
Freccia destra	a drarrow b	$a \Rightarrow b$
Precede	a prec b	$a \prec b$
Segue	a succ b	$a \succ b$
Precede o è uguale a	a preccurlyeq b	$a \preccurlyeq b$
Segue o è uguale a	a succcurlyeq b	$a \succcurlyeq b$
Precede o è uguale a	a precsim b	$a \precsim b$
Segue o è uguale a	a succsim b	$a \succsim b$
Non precede	a nprec b	$a \nprec b$
Non segue	a nsucc b	$a \nsucc b$
Definito come	a def b	$a \stackrel{\text{def}}{=} b$

Operazione	Istruzione	Risultato visivo
Immagine di	a transl b	$a \leftarrow \!\!\circ\, b$
Originale da	a transr b	$a \circ\!\!\rightarrow b$

Operazioni sugli insiemi

Operazione	Istruzione	Risultato visivo
Incluso in	a in B	$a \in B$
Non compreso in	a notin B	$a \notin B$
Contiene	A owns b *oppure* A ni b	$A \ni b$ oppure $A \ni b$
Intersezione	A intersection B	$A \cap B$
Unione	A union B	$A \cup B$
Differenza	A setminus B	$A \setminus B$
Insieme quoziente	A slash B	A / B
Insieme parziale	A subset B	$A \subset B$
Insieme parziale o uguale	A subseteq B	$A \subseteq B$
Insieme superiore	A supset B	$A \supset B$
Insieme superiore o uguale	A supseteq B	$A \supseteq B$
Insieme non parziale	A nsubset B	$A \not\subset B$
Insieme non parziale o uguale	A nsubseteq B	$A \nsubseteq B$
Insieme non superiore	A nsupset B	$A \not\supset B$
Insieme non superiore o uguale	A nsupseteq B	$A \nsupseteq B$
Insieme vuoto	emptyset	$\emptyset$
Aleph	aleph	$\aleph$
Insieme dei numeri naturali	setN	$\mathbb{N}$
Insieme dei numeri interi	setZ	$\mathbb{Z}$
Insieme dei numeri razionali	setQ	$\mathbb{Q}$
Insieme dei numeri reali	setR	$\mathbb{R}$
Insieme dei numeri complessi	setC	$\mathbb{C}$

Funzioni

Operazione	Istruzione	Risultato visivo
Valore assoluto	abs{a}	$\lvert a \rvert$
Fattoriale	fact{a}	$a!$
Radice quadrata	sqrt{a}	$\sqrt{a}$
Radice ennesima	nroot{n}{a}	$\sqrt[n]{a}$
Potenza	a^{b}	a^b
Esponenziale naturale	func e^{a}	e^a
Logaritmo naturale	ln(a)	$\ln(a)$
Funzione esponenziale	exp(a)	$\exp(a)$
Logaritmo	log(a)	$\log(a)$
Seno	sin(a)	$\sin(a)$
Coseno	cos(a)	$\cos(a)$
Tangente	tan(a)	$\tan(a)$
Cotangente	cot(a)	$\cot(a)$
Seno iperbolico	sinh(a)	$\sinh(a)$
Coseno iperbolico	cosh(a)	$\cosh(a)$
Tangente iperbolica	tanh(a)	$\tanh(a)$
Cotangente iperbolica	coth(a)	$\coth(a)$
Arcoseno	arcsin(a)	$\arcsin(a)$
Arcocoseno	arccos(a)	$\arccos(a)$
Arcotangente	arctan(a)	$\arctan(a)$
Arcocotangente	arccot(a)	$\mathrm{arccot}(a)$
Inversa del seno iperbolico	arsinh(a)	$\mathrm{arsinh}(a)$
Inversa del coseno iperbolico	arcosh(a)	$\mathrm{arcosh}(a)$
Inversa della tangente iperbolica	artanh(a)	$\mathrm{artanh}(a)$
Inversa della cotangente iperbolica	arcoth(a)	$\mathrm{arcoth}(a)$

Operatori

Tutti gli operatori possono essere utilizzati con i limiti "da" e "a" ("from" e "to").

Operazione	Istruzione	Risultato visivo
Limite	`lim{a}`	$\lim a$
Limite profondità	`liminf{a}`	$\lim \inf a$
Valore massimo	`limsup{a}`	$\lim \sup a$
Sommatoria	`sum{a}`	$\sum a$
Prodotto	`prod{a}`	$\prod a$
Coprodotto	`coprod{a}`	$\coprod a$
Integrale	`int{a}`	$\int a$
Integrale doppio	`iint{a}`	$\iint a$
Integrale triplo	`iiint{a}`	$\iiint a$
Integrale curvilineo	`lint a`	$\oint a$
Integrale curvilineo doppio	`llint a`	$\oiint a$
Integrale curvilineo triplo	`lllint a`	$\oiiint a$
Limite inferiore indicato con il simbolo di sommatoria	`sum from {3} b`	$\sum_{3} b$
Limite superiore indicato con il simbolo del prodotto	`prod to {3} r`	$\prod^{3} r$
Limiti superiore e inferiore indicati con l'integrale	`int from {r_0} to {r_t} a`	$\int_{r_0}^{r_t} a$
Operatore personalizzato	`oper Op from 0 to 1 a`	$\mathop{Op}_{0}^{1} a$

Attributi

Operazione	Istruzione	Risultato visivo
Accento acuto	`acute a`	á
Accento grave	`grave a`	à
Accento circonflesso rovesciato	`check a`	ǎ
Breve	`breve a`	ă
Cerchio	`circle a`	å
Punto	`dot a`	ȧ
Doppio punto	`ddot a`	ä
Punto triplo	`dddot a`	ä̇
Linea sopra	`bar a`	ā
Freccia vettoriale	`vec a`	⃗a
Tilde	`tilde a`	ã
Accento circonflesso	`hat a`	â
Freccia vettoriale ampia	`widevec abc`	$\overrightarrow{abc}$
Tilde ampia	`widetilde abc`	$\widetilde{abc}$
Accento circonflesso ampio	`widehat abc`	$\widehat{abc}$
Linea sopra	`overline abc`	$\overline{abc}$
Linea sotto	`underline abc`	$\underline{abc}$
Linea attraverso	`overstrike abc`	a̶c̶b̶
Trasparente (utile per ottenere un segnaposto di una data dimensione)	`phantom a`	
Carattere in grassetto	`bold a`	**a**
Carattere senza grassetto	`nbold a`	a
Carattere corsivo[9]	`ital "a"` *oppure* `italic "a"`	*a* *oppure* *a*
Carattere senza corsivo	`nitalic a`	a
Dimensioni carattere	`size 16 qv`	qv
Dimensioni carattere	`size +12 qv`	qv
Dimensioni carattere	`size *1.5 qv`	qv

---

9 Il testo non quotato, se non si tratta di un comando, viene considerato come una variabile. Le variabili, per impostazione predefinita, sono rese in corsivo.

Operazione	Istruzione	Risultato visivo
Elemento seguente in carattere sans serif[10]	`font sans qv`	qv
Elemento seguente in carattere serif	`font serif qv`	qv
Elemento seguente in carattere fixed	`font fixed qv`	qv
Testo seguente di colore ciano[11]	`color cyan qv`	qv
Testo seguente di colore giallo	`color yellow qv`	qv
Testo seguente di colore bianco	`color white qv`	qv
Testo seguente di colore verde	`color green qv`	qv
Testo seguente di colore blu	`color blue qv`	qv
Testo seguente di colore rosso	`color red qv`	qv
Testo seguente di colore nero	`color black qv`	qv
Testo seguente di colore magenta	`color magenta qv`	qv
Dal colore verde al colore predefinito nero	`color green X qv`	$X\,qv$
Elementi tra parentesi graffe per cambiare il colore di più elementi	`color green {X qv}`	$X\,qv$

Parentesi

Operazione	Istruzione	Risultato visivo
Parentesi di raggruppamento (usate per il controllo del programma)	`{a}`	a
Parentesi tonde	`(a)`	(a)
Parentesi quadre	`[b]`	$[b]$
Parentesi quadre doppie	`ldbracket c rdbracket`	$[\![c]\!]$
Parentesi graffe	`lbrace w rbrace`	$\{w\}$
Parentesi uncinate	`langle d rangle`	$\langle d \rangle$
Parentesi operatore	`langle a mline b rangle`	$\langle a|b \rangle$
Mezze parentesi quadre superiori	`lceil a rceil`	$\lceil a \rceil$
Mezze parentesi quadre inferiori	`lfloor a rfloor`	$\lfloor a \rfloor$
Linea singola	`lline a rline`	$|a|$
Linea doppia	`ldline a rdline`	$\|a\|$

---

10 Sono presenti tre caratteri personalizzati: sans serif (senza grazie), serifs (con grazie), e fixed (non proporzionale) Per cambiare i caratteri realmente utilizzati per i caratteri personalizzati e i caratteri usati per le variabili (testo non quotato), i numeri e le funzioni, usate **Formato > Caratteri** (vedere pagina 23).

11 Per tutti i tipi di colorazione, il colore verrà applicato solo al testo seguente il comando, fino allo spazio successivo. Per applicare il colore a più caratteri, inserite il testo che desiderate colorare tra parentesi graffe.

Operazione	Istruzione	Risultato visivo
Parentesi tonde scalabili (aggiungete la parola "left" prima di una parentesi sinistra e "right" prima di una parentesi destra)	`left ( stack{a # b # z} right )`	$\left(\begin{matrix}a\\b\\z\end{matrix}\right)$
Parentesi quadre scalabili (come sopra)	`left [ a over b right ]`	$\left[\dfrac{a}{b}\right]$
Parentesi quadre doppie scalabili	`left ldbracket a over b right rdbracket`	$\left[\!\left[\dfrac{a}{b}\right]\!\right]$
Parentesi graffe scalabili	`left lbrace a over b right rbrace`	$\left\{\dfrac{a}{b}\right\}$
Parentesi uncinate scalabili	`left langle a over b right rangle`	$\left\langle\dfrac{a}{b}\right\rangle$
Parentesi operatore scalabili	`left langle a over b mline c right rangle`	$\left\langle\dfrac{a}{b}\middle\vert c\right\rangle$
Mezze parentesi quadre superiori scalabili	`left lceil a over b right rceil`	$\left\lceil\dfrac{a}{b}\right\rceil$
Mezze parentesi quadre inferiori scalabili	`left lfloor a over b right rfloor`	$\left\lfloor\dfrac{a}{b}\right\rfloor$
Linea singola scalabile	`left lline a over b right rline`	$\left\vert\dfrac{a}{b}\right\vert$
Linea doppia scalabile	`left ldline a over b right rdline`	$\left\Vert\dfrac{a}{b}\right\Vert$
Parentesi spaiate (aggiungete la parola `left` prima della parentesi sinistra e `right` prima della parentesi destra)	`left langle a over b right rfloor`	$\left\langle\dfrac{a}{b}\right\rfloor$
Parentesi isolata	`left lbrace stack {a=2#b=3} right none`	$\left\{\begin{matrix}a=2\\b=3\end{matrix}\right.$
Parentesi graffa scalabile in alto	`{the brace is above} overbrace a`	$\overbrace{the\ brace\ is\ above}^{a}$
Parentesi graffa scalabile in basso	`{the brace is below} underbrace {f}`	$\underbrace{the\ brace\ is\ below}_{f}$

Formati

Operazione	Istruzione	Risultato visivo
Apice destro	`a^{b}`	a^b
Pedice destro	`a_{b}`	a_b
Apice sinistro	`a lsup{b}`	$^b a$
Pedice sinistro	`a lsub{b}`	$_b a$
Apice al centro	`a csup{b}`	$\overset{b}{a}$
Pedice al centro	`a csub{b}`	$\underset{b}{a}$
Nuova riga	`asldkfjo newline sadkfj`	asldkfjo sadkfj
Spazio intermedio piccolo (grave)	`stuff `stuff`	stuff stuff
Spazio intermedio grande (tilde)	`stuff~stuff`	stuff stuff
Senza spazio intermedio	`nospace { x + y }`	$x+y$
Normale	`x+y`	$x+y$
Disposizione verticale di due elementi	`binom{a}{b}`	$\begin{matrix} a \\ b \end{matrix}$
Disposizione verticale di più di due elementi	`stack{a # b # z}`	$\begin{matrix} a \\ b \\ z \end{matrix}$

Matrice	`matrix{`
	`a # b ##`
	`c # d`
	`}`
		$\begin{matrix} a & b \\ c & d \end{matrix}$

Carattere allineato a sinistra (per impostazione predefinita il testo è allineato al centro)	`stack{Hello world #` `alignl(a)}`	Hello world (*a*)
Carattere allineato al centro	`stack{ Hello world #` `alignc(a)}`	Hello world (*a*)
Carattere allineato a destra	`stack{ Hello world #` `alignr(a)}`	Hello world (*a*)

Equazioni allineate a '=' (usando 'matrix')	`matrix{`
	`a # "=" # alignl{b} ##`
	`{} # "=" # alignl{c+1}`
	`}`
		$a =b$
		$=c+1$

Equazioni allineate a '=' (usando 'phantom')	`stack{`
	`alignl{a} = b #`
	`alignl{phantom{a} = c+1}`
	`}`
		$a =b$
		$=c+1$

Altri

Operazione	Istruzione	Risultato visivo
Infinito	infinity *oppure* infty	∞ *oppure* ∞
Parziale	partial	∂
Nabla	nabla	∇
Quantificatore di esistenza, esiste	exists	∃
Quantificatore di esistenza, non esiste	notexists	∄
Quantificatore universale, per ogni	forall	∀
H barrato	hbar	ℏ
Lambda barrato	lambdabar	ƛ
Parte reale di un numero complesso	re	ℜ
Coefficiente immaginario	im	ℑ
Funzione p di Weierstrass	wp	℘
epsilon rovesciata	backepsilon	϶
Freccia a sinistra	leftarrow	←
Freccia a destra	rightarrow	→
Freccia in alto	uparrow	↑
Freccia in basso	downarrow	↓
Punti in basso	dotslow	...
Punti al centro	dotsaxis	⋯
Punti verticali	dotsvert	⋮
Punti in diagonale verso l'alto	dotsup *oppure* dotsdiag	⋰ *oppure* ⋰
Punti in diagonale verso il basso	dotsdown	⋱

Caratteri greci

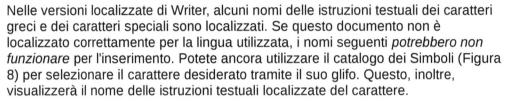
I caratteri in corsivo si possono ottenere facilmente aggiungendo una i dopo il carattere della percentuale. Per esempio %iPI.GRECO Π invece di %PI.GRECO Π .

%ALPHA	A	%BETA	B	%GAMMA	Γ	%DELTA	Δ	%EPSILON	E
%ZETA	Z	%ETA	H	%THETA	Θ	%IOTA	I	%KAPPA	K
%LAMBDA	Λ	%MU	M	%NU	N	%XI	Ξ	%OMICRON	O
%PI.GRECO	Π	%RHO	P	%SIGMA	Σ	%TAU	T	%UPSILON	Y
%FI	Φ	%CHI	X	%PSI	Ψ	%OMEGA	Ω		
%alpha	α	%beta	β	%gamma	γ	%delta	δ	%epsilon	ϵ
%varepsilon	ε	%zeta	ζ	%eta	η	%theta	θ	%vartheta	ϑ
%iota	ι	%kappa	κ	%lambda	λ	%mu	μ	%nu	ν
%xi	ξ	%omicron	o	%pi	π	%varpi	ϖ	%rho	ρ
%varrho	ϱ	%sigma	σ	%varsigma	ς	%tau	τ	%upsilon	υ
%phi	φ	%varphi	ϕ	%chi	χ	%psi	ψ	%omega	ω

Caratteri speciali

Alcuni caratteri speciali corrispondono al simbolo stesso come operatore, ma non vi è alcuna verifica della sintassi (presenza di elementi a sinistra o destra).

%perthousand	‰	%tendto	$\rightarrow$	%element	$\in$
%noelement	$\notin$	%infinite	∞	%angle	$\sphericalangle$
%e	$\wedge$	%o	$\vee$	%notequal	$\neq$
%identical	$\equiv$	%strictlygreaterthan	$\gg$	%strictlylessthan	$\ll$

Parole riservate in ordine alfabetico

Una *parola riservata* è un'espressione usata in un particolare modo, che è controllato da LibreOffice. Non potete utilizzarla come nome di variabile. Per poter usare queste parole senza interferenze da parte di Math, è necessario racchiuderle tra doppie virgolette (**"**).

` : spazio piccolo. Vedere operatore 'grave'.

^ : apice. Vedere operatori 'hat' e 'widehat'.

_ : pedice

- : sottrazione

-+ : segno '-+' con il '-' sopra il '+'

. : punto; necessita di un carattere precedente

(: aperta parentesi

) : chiusa parentesi

[: aperta parentesi quadra

] : chiusa parentesi quadra

{ : aperta parentesi per il raggruppamento caratteri

} : chiusa parentesi per il raggruppamento caratteri

* : prodotto

/ : divisione su una riga

\ : prima di una parentesi (tonda, quadra o graffa), la considera come un carattere normale. Vedere operatori 'bslash' e 'setminus'.

& : operatore booleano 'and'

: separazione tra gli elementi di una tabella

: separazione tra righe in una matrice

% : indica il nome speciale (visualizzato se il nome non è riconosciuto)

%% : commento

+ : addizione

+- : segno '+-' con il '+' sopra il '-'

< : minore

<?> : indica un segnaposto intorno agli operatori costruiti con i modelli. Visualizzato come un piccolo quadrato nella formula. Usare i tasti *F4* e *Maiusc+F4* per la navigazione tra i segnaposto.

<< : notevolmente minore di

<= : minore o uguale

<> : diverso

= : uguale

> : maggiore

>= : maggiore o uguale

>> : notevolmente maggiore di

| : operatore logico or

~ : spazio grande. Vedere operatore 'tilde'.

abs : funzione valore assoluto

acute : accento acuto per un carattere

aleph : prima lettera dell'alfabeto ebraico (numero cardinale).

alignb : (allineamento verticale in basso)[12]

alignc : allineamento orizzontale centrato

alignl : allineamento a sinistra

alignm : (allineamento verticale centrato) [12]

alignr : allineamento a destra

alignt : (allineamento verticale in alto) [12]

and : operatore logico and

approx : segno di approssimazione, due ~ una sull'altra

arccos : funzione arcocoseno

arccot : funzione arcocotangente

arcosh : inversa del coseno iperbolico

arcoth : inversa della cotangente iperbolica

arcsin : funzione arcoseno

arctan : funzione arcotangente

arsinh : funzione inversa del seno iperbolico

artanh : funzione inversa della tangente iperbolica

backepsilon : epsilon rovesciata.

bar : aggiunge una barra al carattere successivo.

binom : mette 2 elementi uno sopra l'altro

black : colore nero per 'color'

blue : colore blu per 'color'

bold : carattere in grassetto

boper : il carattere successivo viene trattato come un operatore binario (dimensioni invariate)

breve : semicerchio verso l'alto

bslash : operatore \, come differenza

cdot : operatore '.' come moltiplicazione

check : accento circonflesso rovesciato

circ : operatore 'round' per la composizione di funzioni

circle : aggiunge un cerchio sopra il carattere successivo

color : impostazione colori: black (nero), blue (blu), cyan (ciano), green (verde), magenta (magenta), red (rosso), white (bianco), yellow (giallo)

coprod : coprodotto (capovolto ∏) o somma diretta

cos : funzione coseno

cosh : coseno iperbolico

cot : cotangente

---

12 Queste scorciatoie obsolete stanno per l'allineamento in basso (`align-bottom`), l'allineamento al centro (`align-mid`) e l'allineamento in alto (`align-top`); trattasi di allineamenti verticali. Math li riconosce, ma nulla viene cambiato.

`coth` : cotangente iperbolica

`csub` : pedice centrato

`csup` : apice centrato

`cyan` : colore ciano per 'color'

`dddot` : aggiunge tre punti sopra: derivata tripla in fisica

`ddot` : aggiunge due punti sopra: derivata doppia in fisica

`def` : segno di uguale con DEF scritto al di sopra

`div` : segno di divisione ':' con '-' nel mezzo

`divides` : operatore | (Sheffer bar), lo stesso del segno logico 'o'

`dlarrow` : doppia freccia verso sinistra

`dlrarrow` : doppia freccia a sinistra e a destra (equivalente)

`dot` : aggiunge un punto sopra: derivata in fisica

`dotsaxis` : allinea ... orizzontalmente al centro

`dotsdiag` : allinea tre punti con una pendenza di +45°

`dotsdown` : allinea tre punti con una pendenza di -45°

`dotslow` : allinea ... in basso

`dotsup` : allinea tre punti con una pendenza di +45°

`dotsvert` : allinea tre punti verticalmente

`downarrow` : freccia in basso

`drarrow` : doppia freccia verso destra (implica)

`emptyset` : insieme vuoto

`equiv` : equivalente (segno di uguale con tre barre)

`exists` : quantificatore di esistenza (E invertita)

`exp` : funzione esponenziale

`fact` : funzione fattoriale (aggiunge '!' di seguito)

`fixed` : attributo carattere

`font` : seleziona un tipo di carattere

`forall` : quantificatore universale (A rovesciata)

`from` : insieme a 'to' per limiti di integrali, somme, ecc.

`func` : trasforma una variabile in funzione

`ge` : maggiore o uguale, segno '=' orizzontale

`geslant` : maggiore o uguale, segno '=' obliquo

`gg` : notevolmente maggiore di '>>'

`grave` : aggiunge accento grave

`green` : colore verde per 'color'

`gt` : operatore maggiore di

`hat` : aggiunge un accento circonflesso

`hbar` : h barrato o tagliato (ℏ), costante di Planck ridotta (divisa per π)

`iiint` : integrale triplo, tre volte il segno di integrale

`iint` : integrale doppio, due volte il segno di integrale

`im` : funzione coefficiente immaginario

`in` : incluso in

`infinity` : simbolo infinito

`infty` : simbolo infinito

`int` : integrale semplice

`intersection` : operatore di intersezione

`ital` : carattere in corsivo

`italic` : carattere in corsivo

`lambdabar` : lambda barrato

`langle` : < per aprire '<...>' (operatore parentesi uncinata: langle ... mline ... rangle)

`lbrace` : parentesi graffa sinistra '{'

`lceil` : parentesi quadra sinistra senza parte inferiore (mezza parentesi quadra superiore)

`ldbracket` : parentesi quadra doppia sinistra

`ldline` : doppia linea sinistra (norm) '||'

`le` : minore o uguale, segno '=' orizzontale

`left` : il carattere successivo viene trattato come una parentesi aperta

`leftarrow` : freccia a sinistra

`leslant` : minore o uguale, segno '=' obliquo

`lfloor` : parentesi quadra sinistra senza parte superiore (mezza parentesi quadra inferiore)

`lim` : operatore limite

`liminf` : operatore limite inferiore

`limsup` : operatore limite superiore

`lint` : linea integrale (con un cerchio)

`ll` : notevolmente minore di

`lline` : barra sinistra per aprire il valore assoluto '|'

`llint` : doppia linea integrale (con un cerchio)

`lllint` : tripla linea integrale (con un cerchio)

`ln` : funzione logaritmo naturale

`log` : funzione logaritmo decimale

`lsub` : pedice a sinistra

`lsup` : apice a sinistra

`lt` : operatore minore di '<'

`magenta` : colore magenta per 'color'

`matrix` : definisce una matrice

`minusplus` : segno '−+', più sotto il '-'

`mline` : linea verticale '|' (operatore parentesi uncinata: langle ... mline ... rangle)

`nabla` : operatore nabla, rovesciato Δ.

`nbold` : carattere senza grassetto.

`ndivides` : operatore di non divisione, / barrato verticalmente

`neg` : operatore negazione

`neq` : operatore differenza

`newline` : nuova riga

`ni` : segno incluso in invertito

`nitalic` : carattere senza corsivo

`none` : combinato con 'left' o 'right' per indicare una parentesi sinistra o destra invisibile

`notin` : operatore non compreso in

`nroot` : radice $e^{nnesima}$

`nsubset` : operatore insieme non parziale

nsubseteq : operatore insieme non parziale o uguale

nsupset : operatore insieme non superiore

nsupseteq : operatore insieme non superiore o uguale

odivide : operatore / in un cerchio

odot : operatore '.' in un cerchio

ominus : operatore '−' in un cerchio

oper : trasforma la variabile successiva in un operatore di dimensioni maggiori con limiti (come Σ)

oplus : operatore somma diretta, + in un cerchio

or : operatore logico or, ^ rovesciato

ortho : operatore ortogonale, simbolo perpendicolare

otimes : operatore prodotto tensoriale, x in un cerchio

over : operatore divisione, per scrivere la divisione con una barra di frazione orizzontale

overbrace : mette l'elemento successivo sopra il precedente con una parentesi graffa orizzontale

overline : aggiunge una barra orizzontale sopra l'elemento successivo

overstrike : caratteri barrati

owns : incluso in rovesciato (contiene)

parallel : operatore parallelo '||'

partial : d arrotondata per derivata parziale

phantom : elemento invisibile, per lasciare spazio vuoto

plusminus : operatore '+-' con '+' sopra

prod : operatore prodotto, Π

prop : operatore proporzionale

rangle : '>' per chiudere '<...>' (operatore parentesi uncinata: langle ... mline ... rangle)

rbrace : parentesi graffa destra visibile

rceil : parentesi quadra destra senza parte inferiore (mezza parentesi quadra superiore)

rdbracket : doppia parentesi quadra destra

rdline : doppia linea destra (norm) '||'

re : funzione di parte reale

red : colore rosso per 'color'

rfloor : parentesi quadra destra senza parte superiore (mezza parentesi quadra inferiore)

right : il carattere successivo viene trattato come una parentesi di chiusura

rightarrow : freccia destra

rline : barra a destra per chiudere il valore assoluto '|'

rsub : pedice

rsup : apice

sans : opzione tipo di carattere

serif : opzione tipo di carattere

setC : insieme dei numeri complessi

setminus : operatore \, sottrazione di insiemi

setN : insieme dei numeri naturali

setQ : insieme dei numeri razionali

setR : insieme dei numeri reali

setZ : insieme dei numeri interi

sim : operatore equivalente, scrive una ~

simeq : operatore equivalente o uguale, scrive una doppia ~

sin : funzione seno

sinh : funzione seno iperbolico

size : modifica le dimensioni dei caratteri

slash : operatore barra '/'

sqrt : operatore radice quadrata

stack : definisce una pila di elementi separati con '#'

sub : pedice

subset : operatore di inclusione stretta

subseteq : operatore di inclusione o uguaglianza

sum : operatore somma, Σ

sup : apice

supset : operatore di insieme superiore

supseteq : operatore di insieme superiore o uguale

tan : funzione tangente

tanh : funzione tangente iperbolica

tilde : aggiunge una tilde '~' sopra il carattere successivo

times : operatore moltiplicazione, 'X'

to : insieme a 'from' per limiti di integrali, somme, ecc.

toward : freccia verso destra

transl : 2 piccoli cerchi congiunti, quello a sinistra è pieno (indica la corrispondenza Immagine da)

transr : 2 piccoli cerchi congiunti, quello a destra è pieno (indica la corrispondenza Origine da)

underbrace : inserisce l'elemento successivo sotto il precedente con una parentesi graffa orizzontale

underline : aggiunge una barra orizzontale sotto l'elemento successivo

union : operatore unione, U

uoper : il carattere successivo viene trattato come un operatore unario (dimensioni invariate)

uparrow : freccia verso l'alto

vec : aggiunge una piccola freccia sopra il carattere successivo

white : colore bianco per 'color'

widebslash : operatore con una '\' ampia

widehat : aggiunge un cappello sopra l'elemento successivo

wideslash : operatore di divisione con una '/' ampia

widetilde : aggiunge una tilde all'elemento successivo

widevec : aggiunge una freccia sopra l'elemento successivo

wp : funzione p di Weierstrass

yellow : colore giallo per 'color'

Indice analitico